Obra Completa de C.G. Jung
Volume 10/2

Aspectos do drama contemporâneo

Comissão responsável pela organização do lançamento
da Obra Completa de C.G. Jung em português:
Dr. Léon Bonaventure
Dr. Leonardo Boff
Dora Mariana Ribeiro Ferreira da Silva
Dra. Jette Bonaventure

A comissão responsável pela tradução da Obra Completa de C.G. Jung sente-se honrada em expressar seu agradecimento à Fundação Pro Helvetia, de Zurique, pelo apoio recebido.

Dados Internacionais de Catalogação na Publicação (CIP)
(Câmara Brasileira do Livro, SP, Brasil)

Jung, Carl Gustav, 1875-1961.
　　Aspectos do drama contemporâneo / C.G. Jung ; tradução de Lucia M. E. Orth ; revisão técnica Jette Bonaventure. – 5. ed. – Petrópolis, RJ : Vozes, 2012.
　　Título original: Zivilisation im Übergang.
　　Bibliografia.

　　12ª reimpressão, 2020.

　　ISBN 978-85-326-0416-3

　　1. Civilização moderna – Século XX
2. Psicanálise I. Título.

07-0654　　　　　　　　　　　　　　　　　　CDD-150.1954

Índices para catálogo sistemático:
1. Psicanálise : Sistema junguiano : Psicologia 150.1954

C.G. Jung

Aspectos do drama contemporâneo

10/2

EDITORA VOZES

Petrópolis

© 1974, Walter Verlag, AG, Olten

Título do original em alemão: *Zivilisation im Übergang* (Band 10)
Partes IX-XIII e XIX-XXI

Editores da edição suíça:
Marianne Niehus-Jung
Dra. Lena Hurwitz-Eisner
Dr. Med. Franz Riklin
Lilly Jung-Merker
Dra. Fil. Elisabeth Rüf

Direitos exclusivos de publicação em língua portuguesa:
1988, Editora Vozes Ltda.
Rua Frei Luís, 100
25689-900 Petrópolis, RJ
www.vozes.com.br
Brasil

Todos os direitos reservados. Nenhuma parte desta obra poderá ser reproduzida ou transmitida por qualquer forma e/ou quaisquer meios (eletrônico ou mecânico, incluindo fotocópia e gravação) ou arquivada em qualquer sistema ou banco de dados sem permissão escrita da editora.

CONSELHO EDITORIAL

Diretor
Gilberto Gonçalves Garcia

Editores
Aline dos Santos Carneiro
Edrian Josué Pasini
Marilac Loraine Oleniki
Welder Lancieri Marchini

Conselheiros
Francisco Morás
Ludovico Garmus
Teobaldo Heidemann
Volney J. Berkenbrock

Secretário executivo
João Batista Kreuch

Tradução: Lúcia Mathilde Endlich Orth
Revisão técnica: Dra. Jette Bonaventure
Revisão literária: Orlando dos Reis

Diagramação: AG.SR Desenv. Gráfico
Capa: 2 estúdio gráfico

ISBN 978-85-326-2424-6 (Obra Completa de C.G. Jung)

ISBN 978-85-326-0416-3 (Brasil)
ISBN 3-530-40710-0 (Suíça)

Editado conforme o novo acordo ortográfico.

Este livro foi composto e impresso pela Editora Vozes Ltda.

Sumário

Prefácio dos editores, 7

IX. Prefácio a "Ensaios sobre História Contemporânea", 11

X. Wotan, 13

XI. Depois da catástrofe, 28

XII. A luta com as sombras, 52

XIII. Posfácio a "Ensaios sobre História Contemporânea", 61

XIX. O significado da linha suíça no espectro europeu, 80

XX. A aurora de um novo mundo, 92

XXI. Um livro novo de Keyserling: "A revolução mundial e a responsabilidade do espírito", 99

Referências, 107

Índice onomástico, 111

Índice analítico, 113

Prefácio dos editores

Em 1918, C.G. Jung publicou um artigo intitulado "Über das Unbewusste" (Sobre o inconsciente) que dá o tom fundamental desse volume. Nele expõe a teoria convincente de que o conflito na Europa, naquela época, considerado apenas do ponto de vista materialista, era, no fundo, uma crise psicológica que tinha sua origem no inconsciente coletivo dos indivíduos, influenciado grupos e nações. A seguir, escreveu uma série de ensaios sobre a conjuntura da época e principalmente sobre a relação do indivíduo com a sociedade.

Os oito primeiros ensaios deste volume surgiram nos anos entre as duas guerras mundiais e desenvolvem os temas abordados no ensaio de abertura; tratam da descoberta dos pressupostos inconscientes e da importância do autoconhecimento que torna o indivíduo capaz de afirmar-se diante das pressões sociais. Também são tratadas questões específicas da relação entre os sexos e de fatores étnicos sobre o desenvolvimento de teorias psicológicas. Seguem quatro títulos que foram reunidos, há tempo, numa brochura *Ensaios sobre história contemporânea* (1946). Neles Jung mostra que os sonhos e fantasias de pacientes individuais podem refletir, tanto quanto as revoluções sociais e políticas, que ele qualifica de epidemias psíquicas, as tendências na vida inconsciente das nações. Num ensaio, publicado pela primeira vez em 1936, Wotan é apresentado como figura arquetípica que simboliza as forças instintivas inconscientes, atuantes na Alemanha e que encontraram sua expressão no movimento nacional-socialista.

Os psicodinamismos que Jung derivou do comportamento de indivíduos e de grupos – mais facilmente observáveis na Alemanha – puderam ser constatados em âmbito bem maior, conforme expõe em dois escritos sumamente importantes e publicados no últimos anos de sua vida. *Presente e futuro* (1957) retoma o relacionamento do indivíduo com a sociedade maior e no livro *Um mito moderno: sobre coisas vistas no céu* (1958) estuda Jung o surgimento de um mito que considera uma compensação da tendência cientificista de nossa era tecnológica. Uma vez que considera a crise na civilização como sendo moral, suas concepções de bem e mal e da função psicológica da consciência (capítulos XVI e XVII) são absolutamente necessárias e importantes ao tema.

As recensões e curtos artigos (XIX-XXIV) contêm as reações espontâneas e pessoais de Jung aos pronunciamentos de seu contemporâneo Conde Hermann Keyserling sobre problemas de nacionalidade e suas impressões ao visitar os Estados Unidos e a Índia. Finalmente. em "Diversos" (XXV) há documentos dos anos em que Jung era presidente da Sociedade Médica Internacional de Psicoterapia e editor de seu órgão *Zentralblatt für Psychotherapie*. Sua natureza dinâmica e os sentimentos de dever para com a sociedade e seus colegas levaram-no a aceitar este encargo como plataforma privilegiada de onde pudesse combater, com todas as suas forças e condições, a ameaça que representava para a psicoterapia na Alemanha a dominação nazista. Devido a seu modo de proceder foi alvo, injustamente, do fogo cruzado de uma crítica tendenciosa e mal informada. Neste volume, apresentam-se pela primeira vez os objetivos que perseguia incansavelmente e os documentos correspondentes.

Agradecemos a Magda Kerényi pela elaboração do Índice analítico de pessoas e assuntos desse tão abrangente e diversificado volume, e por todo o esforço e cuidado nele investidos.

Dezembro de 1973

Os editores

P.S.

Como não existem os manuscritos originais – talvez se tenham perdido ou foram escritos em inglês por C.G. Jung – uma série de ensaios (XII, XXII, XXIII, XXIV e a saudação ao Décimo Congresso Médico em Oxford) teve que ser vertida para o alemão. O ditado diz que o "tradutor é um traidor". Realmente, em certas passagens foi difícil interpretar o texto. Isto é ainda mais delicado em nosso caso, porque a problemática que o autor diagnosticou e interpretou psicoterapicamente desde a Primeira Guerra Mundial não foi superada nas décadas seguintes e muito menos nos anos mais recentes; alastrou-se extraordinariamente e tornou-se mais aguda. Que leitor estaria hoje em condições de tomar uma posição neutra e imparcial diante de palavras como "negro, judeu, primitivo" ou de conceitos como "raça, cor, coletividade, Estado, sociedade", isto é, sem permitir que intervenham suas emoções? A psicologia sabe muito bem que essas reações incontroláveis e hiperalérgicas são sintomas daquilo que C.G. Jung, no início de sua carreira psiquiátrica e no contexto de seus estudos sobre associações de palavras, chamou de "complexos de cunho sentimental". Sabe-se que os complexos são, em primeiro lugar, centros de energia psíquica altamente concentrada. Oriundos do inconsciente, levam o indivíduo e a sociedade àquelas neuroses e psicoses de que sofremos tanto hoje quanto na época em que surgiu o artigo que consta deste volume.

Como que "dançando sobre ovos em torno de melindres de alta tensão" e tentando uma reconstituição claudicante de passagens ambivalentes do texto "original" inglês, por meio de transcrições atenuadas ou até mesmo aguadas na versão alemã, pode parecer que nada se conseguiu, mas teríamos perdido uma chance de nos tornarmos mais conscientes pessoalmente e mais corresponsáveis como contemporâneos. Quem *quiser* entender ou interpretar erroneamente Jung em sua mentalidade, temperamento e em sua função como médico da psique não será impedido de fazê-lo por causa da "precaução" dos editores. Mas recomendamos ao leitor sem preconceitos, interessado numa compreensão mais profunda das correntes básicas de nossa época, de suas fontes e direções, como leitura complementar aos textos sobre a questão alemã e dos judeus, as cartas do autor dos anos correspondentes (volumes I a III, abrangendo os anos de 1906 até 1961, publicados pela Wlater-Verlag, Olten 1972-1973).

IX
Prefácio a
"Ensaios sobre História Contemporânea"*

Por razões práticas, a psicoterapia médica deve se ocupar da totalidade da psique. Nesse sentido, ela precisa discutir e considerar todos os fatores que influenciam de maneira decisiva a vida psíquica, sejam de ordem biológica, social ou espiritual. A situação de uma época como a nossa, conturbada em alto grau pelas paixões políticas, abalada pelo caos de revoluções de Estado e pela derrocada dos fundamentos de sua cosmovisão, afeta de tal maneira o processo psíquico do indivíduo que o médico não pode deixar de dedicar uma atenção especial aos efeitos que provoca na psique individual. A avalanche dos acontecimentos de uma época não é perceptível apenas no lado de fora, isto é, no mundo exterior e distante. Ela atinge também a tranquilidade do consultório e a privacidade das consultas médicas. O médico é responsável por seus pacientes e por isso não pode, de maneira alguma, isolar-se na ilha distante e tranquila de seu trabalho científico. Precisa descer à arena dos acontecimentos do mundo e participar da luta das paixões e opiniões, pois do contrário só conseguirá perceber as inquietações do seu tempo de modo distante e impreciso, tornando-se incapaz de compreender ou mesmo de ouvir o sofrimento de seus pacientes. Ele não saberá qual a linguagem mais

---

*A pequena coletânea foi publicada em Zurique em 1946 e incluía os textos seguintes: "Wotan", "A psicoterapia moderna", "Psicoterapia e cosmovisão", "Após a catástrofe", bem como o posfácio incluído neste volume (§ 458-487). Os dois ensaios sobre psicoterapia encontram-se em Obra Completa, 16 (1958).

adequada para lidar com o paciente e retirá-lo do isolamento em que se encontra, já que a sua incompreensão reforçará ainda mais esse estado. Por essa razão, o terapeuta não pode prescindir de uma discussão com o seu tempo por mais que o alarido político, o embuste da propaganda e o grito desafinado dos demagogos lhe causem repugnância. O que aqui ressaltamos não são os seus deveres de cidadão que exigem algo semelhante mas, essencialmente, os seus deveres como médico que lhe impõem uma obrigação ainda mais elevada, o compromisso com o homem.

Foi esse horizonte que me levou a ultrapassar os limites estritos de meu campo profissional e a me pronunciar publicamente quando me pareceu conveniente fazer ouvir também o ponto de vista psicológico e sua experiência específica. Isso se justifica, uma vez que até o leigo mais ingênuo percebe com clareza que muitas figuras e fatos contemporâneos precisam de um esclarecimento psicológico; na verdade, a sintomatologia psicopática se estendeu como nunca aos acontecimentos políticos!

Não tenho intenção de me imiscuir nas questões políticas atuais. Não obstante, foram surgindo, ao longo dos anos, alguns artigos que se constituíram como reações diante dos acontecimentos atuais em sentido estrito. Reúno aqui essas publicações ocasionais que nasceram entre os anos de 1936 e 1945. É fácil compreender que me tenha ocupado fundamentalmente da Alemanha nessas reflexões. Desde a primeira grande guerra, a Alemanha significa para mim um problema e os artigos que se seguem brotaram dessa preocupação. Meus argumentos provocaram todo o tipo de mal-entendidos, provavelmente porque o meu modo de observação psicológico soa de modo estranho e inusitado para muitos. Contudo, ao invés de tentar esclarecer esses mal-entendidos através de longas e exaustivas exposições, preferi indicar no posfácio todas as passagens que remetem a outros escritos sobre o mesmo tema, a fim de que o leitor possa, ele mesmo, adquirir uma ideia mais clara do assunto.

X
Wotan[*]

"Surgirão na Alemanha diversas seitas,
E quase chegarão a um feliz paganismo,
O coração cativo e pequenas receitas,
Voltarão a pagar o verdadeiro dízimo."
(Profecias do Mestre Michel Nostradamus, 1555)[1]

Com a Primeira Guerra Mundial, a Europa viu nascer um tempo caracterizado por acontecimentos até então inimagináveis. Considerava-se uma fábula a guerra entre nações cultas ao se sustentar a opinião de que semelhante absurdo seria impossível num mundo organizado racionalmente em escala internacional. Todavia, o que se seguiu à guerra foi uma verdadeira dança das bruxas: revoluções fantásticas, alterações nos mapas geográficos, retrocessos políticos a modelos medievais e antigos, Estados absorvendo povos cujo totalitarismo superou em muito todas as tentativas teocráticas anteriores, perseguição de cristãos e judeus, matanças políticas e, por fim, um belo ataque de pirataria contra um povo pacífico de cultura mediana[2].

Não devemos estranhar que se isso ocorre no grande mundo também acontece em menores escalas e outras esferas. Ainda teremos de esperar algum tempo até que a filosofia possa apreender mais pro-

---

[*] Publicado pela primeira vez em *Neue Schweizer Rundschau*, nova série III/11 (Zurique, 1936), p. 657-669 e posteriormente em *Ensaios sobre História Contemporânea*. Zurique: [s.e.], 1946.

1. "En Germanie naistront diverses sectes, / S'approchant fort de l'heureux paganisme, / Le coeur captif et petites receptes, / Feront retour à payer le vraye disme" *(Prophéties de Maistre Michel Nostradamus, 1555)*.

2. Abissínia.

fundamente a época em que vivemos. Já no campo religioso aconteceram coisas curiosas. O fato de na Rússia se ter introduzido um ateísmo de péssimo gosto e pouca inteligência, para substituir a riqueza variada da Igreja grega ortodoxa, não é de admirar, por mais que se possa lamentar o baixo nível espiritual da reação "científica". No Oriente Próximo também respiramos aliviados quando saímos de ambientes esfumaçados por muitas lamparinas que se fazem passar por Igrejas ortodoxas e chegamos a uma mesquita decente em que a presença invisível de Deus não tenha sido substituída pelo exagero de ritos e objetos sagrados. Mas em algum momento haveria de nascer também para a Rússia o século XIX com sua racionalidade "científica".

373   O mais espantoso, porém, é que num país verdadeiramente culto, que se acreditava já bem distante da Idade Média, um antigo deus da tormenta e da embriaguez, Wotan, que durante muito tempo permanecera em repouso histórico, qual vulcão extinto, pudesse redespertar. Isso é na verdade picante. Como sabemos, esse deus ressurgiu no movimento da juventude e, desde o começo, seu reaparecimento foi celebrado com sacrifícios cruentos de ovelhas. Eram aqueles jovens louros (por vezes também moças) que se podia ver marchando em todas as ruas, do cabo Norte até a Sicília, com mochilas e alaúdes, os verdadeiros servidores do deus da errância. Mais tarde, no final da República de Weimar, também aderiram a essa marcha os milhares de desempregados que se podiam encontrar, por toda parte, numa migração sem destino. Em 1933, já não se caminhava mais. Marchava-se aos milhares, desde crianças de cinco anos até veteranos. Hitler pôs literalmente de pé a Alemanha e produziu *in loco* o espetáculo de uma migração de povos. Wotan, o errante, voltava a despertar. No norte da Alemanha, numa seita de gente muito simples, o antigo deus podia ser visto numa sala de reuniões, sentado num cavalo branco e vergonhosamente invocado como Cristo. Não sei se essa gente atinou com o parentesco originário entre Wotan e a figura de Cristo e Dioniso; provavelmente não.

374   Wotan, o incansável errante, o agitador, que ora aqui ora ali provoca a disputa ou exerce efeitos mágicos, foi transformado pelo cristianismo no demônio, só aparecendo como fogo fátuo em noites de tormenta ou como caçador fantasmagórico acompanhado de sua co-

mitiva nas tradições locais cuja tendência era o desaparecimento. Sem dúvida alguma, o papel do errante sem trégua foi desempenhado, na Idade Média, pela figura então surgida de Ahasverus que não constitui uma lenda judaica e sim cristã, ou seja, o motivo do errante não incorporado por Cristo precisou ser projetado para os judeus, da mesma maneira que encontramos, nos outros, conteúdos que se tornaram inconscientes para nós. Em todo caso, a coincidência entre o antissemitismo e o redespertar de Wotan é uma *finesse* psicológica que deve ser mencionada...

Não foram apenas os jovens alemães, entusiastas do solstício, que escutaram o êxtase da selva originária do inconsciente. Já bem antes, Nietzsche, Schuler, Stefan George e Klages o haviam pressentido[3]. A cultura renana e a que se situa ao sul da linha do Meno, na verdade, não conseguem se desprender facilmente do engrama clássico e por esse motivo remetem com tanto gosto esse pressentimento ao antigo êxtase e agitação de Dioniso, *puer aeternus* (a eterna criança), e a Eros cosmogônico[4], apoiando-se nos modelos classicistas. Sem dúvida, isso é bem mais culto e refinado do que Wotan, embora este seja mais correto. Wotan é um deus da tormenta e da

---

3. As notas 3, 4, 12 e a última parte da 13 foram acrescentadas pelo autor para a tradução inglesa (*Essays on Contemporary Events*. Londres: [s.e.], 1947). Nietzsche acentuou o aspecto dionisíaco por oposição e diferença ao apolíneo. Desde o aparecimento do *Nascimento da tragédia* (1872), o lado obscuro, telúrico e feminino com seus traços fundamentalmente encantatórios e orgiásticos apoderou-se da fantasia dos pensadores e poetas. Pouco a pouco, a irracionalidade foi se transformando em ideal. Isso aparece, por exemplo, no conjunto de pesquisas feitas por Alfred Schuler (†1923) acerca das religiões de mistérios e, sobretudo, na obra de Klages (1872-1956), que desenvolveu a filosofia do irracionalismo. Segundo Klages, o logos e a consciência são os elementos destruidores da vida criadora, pré-consciente. Podemos perceber nesses autores uma crescente negação da realidade e uma renúncia à vida tal como ela é. Esta posição leva a um culto do êxtase que, por sua vez, culmina na autodissolução da consciência através da morte que, para eles, significa a superação de todas as limitações materiais. A poesia de Stefan George reúne elementos da cultura clássica, do cristianismo medieval e da mística oriental. George ataca de maneira decisiva o racionalismo dos séculos XIX e XX. Sua mensagem aristocrática da beleza mística e de uma compreensão esotérica da história exerce uma profunda influência na juventude alemã. Sua obra foi utilizada por políticos inescrupulosos para fins de propaganda.

4. *Vom kosmogonischen Eros* é o título da principal obra de Klages.

efervescência, desencadeador das paixões e das lutas e, além disso, mago poderoso e artista das ilusões, ligado a todos os segredos de natureza oculta.

376   O caso de Nietzsche é bem particular. Ele desconhecia inteiramente as tradições germânicas. Descobriu a cultura burguesa vulgar e, como "Deus morreu", um deus desconhecido veio ao encontro de Zaratustra de forma inesperada, ora se lhe opondo com hostilidade, ora se escondendo em sua própria figura. Assim, Zaratustra é, por sua vez, adivinho, mago e vento tempestuoso:

"Como um vento, quero um dia soprar entre eles e com meu espírito cortar a respiração ao seu espírito; assim quer o meu futuro.

Na verdade, Zaratustra é um vento forte para todas as terras baixas e dá este conselho a seus inimigos e a todos que cospem e vomitam:

Guardai-vos de cuspir contra o vento!"[5]

377   No sonho em que Zaratustra[6] é o vigia das tumbas no castelo da morte, ao abrir a porta,

"... um vento trovejante, sibilante, estridente, cortante, fez subitamente saltar os batentes, lançando sobre mim um negro ataúde.

E por entre rugidos, assobios e gritos estridentes, o ataúde rompe-se, despedindo mil gargalhadas."

378   Interpretando o sonho, disse o discípulo a Zaratustra:

"Mas não eras tu mesmo esse vento sibilante e agudo que abre as portas do castelo para os cidadãos da morte?

Não eras tu mesmo o ataúde cheio das constantes malignidades e momices angélicas da vida?"

379   Nessa imagem surge com toda a força o segredo de Nietzsche. Já em 1864 escrevia no poema "Ao deus desconhecido"[7]:

---

5. NIETZSCHE, F. *Also sprach Zarathustra*. Ein Buch für Alie und Keinen. Werke VI. Leipzig: [s.e.], 1911, p. 143.
6. Ibid., p. 200.
7. Der *werdende Nietzsche, Autobiographische Aufzeichnungen*, p. 239.

Quero conhecer-te, desconhecido,
que te apoderes do fundo de minha alma,
que atravesses minha vida como uma tormenta,
tu, impalpável, parente meu,
quero conhecer-te e até servir-te.

E vinte anos mais tarde em seu belo "Cântico ao Mistral" disse:

Vento mistral, caçador de nuvens,
assassino das aflições, varredor dos céus,
efervescente, como te quero!
Acaso não somos nós dois
primevos de um único seio,
ligados eternamente por
uma mesma sorte?[8]

No ditirambo, chamado "Lamento de Ariadne"[9], ele é a vítima mais integral do deus caçador. E a poderosa autolibertação de Zaratustra nada pode fazer para salvá-lo.

Caído, a tremer,
como um moribundo, cujos pés são aquecidos,
sacudido, ai! por febres desconhecidas,
tremendo ante as pontiagudas flechas da geada,
perseguido por ti, pensamento!
Inefável! Oculto! Terrível!
Tu, caçador escondido atrás das nuvens!
Fulminado por ti,
olho zombeteiro que me observas na escuridão: – assim jazo,
me curvo, me contorço, atormentado
por todos os suplícios eternos,
ferido
por ti, crudelíssimo caçador,
Deus desconhecido!

A figura admirável do deus-caçador não é apenas uma linguagem de ditirambo mas uma vivência do próprio Nietzsche quando tinha

---

8. An den Mistral. Ein Tanzlied. NIETZSCHE, F. Werke V. Leipzig: [s.e.], 1900, p. 360.
9. *Also sprach Zarathustra.* Op. cit., p. 367 [aqui sem título; como "Klage der Ariadne". In: NIETZSCHE, F. *Werke* VIII, p. 421s.].

15 anos, na escola de Pforta. Essa vivência foi narrada no livro de Elisabeth Förster-Nietzsche, *Notas biográficas*[10]. Conta a descrição feita por Nietzsche de um fantástico passeio noturno numa floresta sombria onde se assustou primeiramente ao ouvir um "grito agudo que vinha de um manicômio vizinho" e, em seguida, ao encontrar um caçador com "traços fisionômicos selvagens e incríveis". Num vale, "cercado de brenha selvagem", o caçador levou aos lábios um apito e "fez soar um som estridente", com o que Nictzsche perdeu os sentidos, redespertando em Pforta. Fora um pesadelo. Também significativo é o fato de o sujeito do sonho, que na verdade pretendia dirigir-se a Eisleben, cidade de Lutero, ter discutido com o caçador se deveria ir para Eisleben ou para o "Teutschental"[10a]. O apito estridente do deus da tormenta na floresta noturna é inequívoco.

383 Será que essa vivência nasceu apenas do filólogo clássico que havia em Nietzsche ou será que não encontrou origem também no encontro fatídico com Wagner, onde o deus se chamava Dioniso e não Wotan?

384 Bruno Goetz, em seu livro *Reich ohne Raum,* teve uma curiosa visão dos acontecimentos que deveriam suceder na Alemanha. Desde a época em que foi publicado, considerei esse livro como um prognóstico da atmosfera alemã e jamais o perdi de vista. Ele percebeu a oposição entre o reino das ideias e o reino da vida do deus da tormenta e da meditação secreta, que desapareceu quando teve seus carvalhos derrubados e reaparece quando o deus dos cristãos se mostra demasiado fraco para salvar a cristandade de uma matança fratricida. Enquanto o Santo Padre em Roma, destituído de todo poder, lamentava perante Deus a causa do *grex segregatus,* o velho caçador ria no bosque germânico e selava seu corcel Sleipnir[10b].

385 Esqueçamos por alguns momentos que nos encontramos no ano de 1936 e que, coerentemente com essa data, deveríamos explicar ra-

---

10. FÖRSTER-NIETZSCHE, E. (org.). *Der werdende Nietzsche.* Munique: [s.e.], 1924, p. 84s.

10a. "Teutschental" é uma antiga forma de "Deutschental", o vale dos alemães [N.T.].

10b. Sleipnir é o cavalo de oito pés de Wotan ou Odin. Esse deus germânico possui vários nomes, dependendo da região. Respeitamos o nome Wotan, escolhido pelo autor [N.T.].

cionalmente o mundo, tomando por base os fatores econômicos, políticos e psicológicos. Se deixarmos um pouco de lado essa racionalidade bem-intencionada, demasiada humana e, caso nos seja lícito, colocarmos o peso da responsabilidade do que hoje ocorre não mais no homem mas em Deus ou nos deuses, a hipótese de Wotan, enquanto causa, faria sentido. Atrevo-me a proferir a heresia de que o velho Wotan, com seu caráter abissal e inesgotável, é uma explicação bem mais acertada do nacional-socialismo do que todos os outros três fatores reunidos. Embora cada um desses fatores esclareça aspectos relevantes dos acontecimentos atuais na Alemanha, Wotan nos diz ainda mais, sobretudo, no que diz respeito ao fenômeno de ordem geral, diante do qual o não alemão, por mais profunda que seja a reflexão sobre os seus fundamentos, vê-se desconcertado e incapacitado para compreender.

Talvez se possa designar esse fenômeno geral de "possessão". 386
Esta expressão supõe, em primeiro lugar, um "possuidor" e um "possuído". Desde que não se queira deificar Hitler, o que aliás já ocorreu, resta-nos apenas Wotan, o "possuidor" dos homens. Seu primo Dioniso compartilha essa mesma característica, embora ele a tenha estendido também às mulheres. As mênades formaram uma S.A. ("milícia parda") feminina que, a julgar pelo relato mítico, não era nada inofensiva. Wotan limita-se aos homens-feras, empregados como guardas pessoais dos reis míticos.

Mesmo que o espírito, por infantilidade, considere os deuses 387
como entes metafísicos existentes por si mesmos, ou como invenções supersticiosas, o paralelo entre Wotan redivivo e a corrente social, política e psíquica que sacode a Alemanha atual pode valer, ao menos, como uma semelhança ou um "como se". Na verdade, os deuses constituem personificações de forças psíquicas, e a afirmação metafísica de seu ser em si é tanto uma presunção intelectual quanto a opinião de que sejam invenções. "Forças psíquicas", propriamente, nada têm a ver com a consciência, embora seja muito comum a identificação entre consciência e psique, o que, no fundo, é uma mera presunção do intelecto. A ilusão iluminista teve naturalmente como solo de sua existência o medo do metafísico, já que um e outro, desde o princípio, sempre foram irmãos hostis. A "força psíquica" está bem mais

relacionada à psique inconsciente e é por isso que tudo o que sobrevém inesperadamente ao homem dessa região obscura é sempre considerado ou como algo que vem de fora, sendo então real, ou como uma alucinação, ou seja, não verdadeiro. O que a humanidade ainda não se deu conta é de que alguma coisa pode ser verdadeira mesmo não tendo vindo de fora.

388   Visando aprofundar nosso entendimento, poderíamos abandonar o nome e o conceito de "Wotan", tão carregados de preconceitos, e caracterizar o fenômeno como um "furor teutonicus". No entanto, essa não seria a melhor expressão, pois o "furor" é somente uma psicologização de Wotan, e exprime apenas que o povo se encontra num estado de enfurecimento. Não diz, portanto, uma peculiaridade fundamental do fenômeno que é o aspecto dramático do possuidor e dos que por ele são possuídos. Esse aspecto é o que torna mais impressionante o fenômeno alemão: o fato de alguém ser manifestamente possuído e possuir de tal maneira todo o povo a ponto de fazer tudo girar e resvalar fatalmente no perigo.

389   Wotan me parece uma hipótese bastante adequada. Tem-se a nítida impressão de que ele realmente apenas ficou dormindo na montanha de Kyffhäuser até que os corvos lhe anunciaram a brisa matutina; Wotan, característica fundamental da alma alemã, "fator" psíquico de natureza irracional, um ciclone que abate e derruba a forte pressão cultural. Aqueles que creem em Wotan parecem ter visto as coisas com mais precisão do que os adoradores da razão, apesar de seu lado extravagante. O que se esquece por completo é que Wotan é um dado germânico primordial, a personificação insuperável de uma propriedade fundamental que pertence, sobretudo, ao povo alemão (ou ariano). Houston Stewart Chamberlain constitui um outro sintoma para a suspeita de que também em outros lugares existam deuses velados que estão apenas dormindo. A raça germânica (vulgo ariana), a nação germânica, o sangue e o solo, os cantos de Wagalaweia, os ritos das Valquírias, o Jesus épico, louro e de olhos azuis, a mãe grega de Paulo, o demônio (um Alberich internacional em versão judia e maçônica), as luzes nórdicas da cultura polar, a inferioridade das raças mediterrâneas, todos esses são elementos de uma encenação ine-

vitável que dizem a mesma coisa, qual seja, a possessão divina dos alemães cuja morada encontra-se "atravessada por um vento potente". Se não me falha a memória, logo após a tomada do poder por Hitler apareceu no famoso "Punch" um cartum que trazia a imagem de um homem-fera libertando-se de suas correntes. Enquanto todos nós acreditávamos no bom tempo, a Alemanha vivia um temporal.

Na Suíça, nosso país, tanto do norte como do sul sopra um vento inofensivo e suspeito, tão idealista que ninguém chega a se aperceber de nada. *Quieta non movere* (Não mexer no que está quieto) é uma sabedoria que muito nos convém. Muitas vezes os suíços são censurados por demonstrarem grande resistência em se assumirem como um problema. Devo rebater essa opinião e dizer que o suíço é um povo pensativo, mas não o diz, de maneira alguma, mesmo considerando por onde o vento sopra. Desse modo, pagamos nosso pesado tributo ao tempo tormentoso e ao ímpeto germânicos na impressão de que somos melhores. Entretanto, o que ocorre realmente é que os alemães dispõem agora de uma oportunidade histórica única para aprender a ver no mais íntimo de si, de que labirintos obscuros da alma o cristianismo pretendia salvar o homem.

A Alemanha é um país de catástrofes espirituais em que certos fatos naturais convivem apenas na aparência de maneira pacífica com a senhora do mundo, a razão. O adversário é um vento, que sopra desde os confins do mundo e da antiguidade da Ásia, da Trácia à Alemanha em direção à Europa, fazendo com que, exteriormente, os povos se amontoem como folhas secas e, interiormente, gerem pensamentos capazes de estremecer o mundo; é um Dioniso elementar que rompe e desfaz a ordem apolínea. Wotan é o nome desse desencadeador de tempestades. Se pretendemos conhecer o seu caráter de maneira mais precisa, é necessário captar não apenas os seus efeitos históricos nas revoluções e conturbações como também as expressões mitológicas que recebeu em várias épocas, as quais não se explicam com base exclusivamente no homem e em suas possibilidades limitadas, mas encontram suas raízes mais profundas no aspecto psíquico e em sua força autônoma. A intuição primitiva sempre personificou esses poderes na figura dos deuses, caracterizando-os com grande cuidado e abrangência através dos mitos, segundo a sua natureza. Isso é ainda mais possível ao se tratar de tipos e imagens originárias invariáveis que brotam espontaneamente no inconsciente de inúmeros povos e se caracterizam por um comportamento peculiar[11]. Nesse sentido, podemos falar de um arquétipo "Wotan" que, enquanto fator psíquico autônomo, produz efeitos coletivos que significam a projeção do quadro de sua própria natureza. Wotan possui uma biologia própria, distinta da essência do homem singular que apenas ocasionalmente se vê possuído pela influência irresistível desse fator inconsciente. Nos períodos de paz, a existência do arquétipo Wotan se mostra tão inconsciente quanto uma epilepsia latente. Será que os alemães que em 1914 já eram adultos poderiam imaginar o que viriam a ser em 1935? Esses são os efeitos surpreendentes do deus do vento que sopra de onde lhe apraz e ninguém sabe de onde vem e para onde vai, que se apossa de tudo em seu caminho, devastando o que não tem firmeza. Quando o vento sopra, arrasta tudo o que, exterior ou interiormente, não é seguro.

392   Os estudos sobre a essência de Wotan foram recentemente completados e aperfeiçoados pela monografia de Martin Ninck[12], dedicada a esse tema. O leitor pode ter plena certeza que se trata de um estudo científico, feito com toda a objetividade que a matéria exige. Embora esta investigação salvaguarde o direito da ciência objetiva, compilando e reunindo o material com muita clareza, exatidão e cuidado, pode-se perceber que o autor viveu profundamente o que escreveu. Wotan vibra plenamente em suas veias. Isso não é uma reprovação, mas um aspecto positivo do livro que, sem essa consonância, poderia facilmente se tornar uma compilação aborrecida! Nesse livro, unem-se vida e programa, sobretudo no último capítulo, chamado "Perspectivas".

393   Ninck tece uma pintura extraordinária do arquétipo alemão de Wotan. No décimo capítulo, ele o descreve segundo as fontes como

---

11. Leia-se o que diz Bruno Goetz (*Deutsche Dichtung*, p. 36s. e 72s.) a respeito de Wotan ou Odin enquanto deus alemão da errância. Infelizmente só tomei conhecimento desta obra após ter escrito este artigo.
12. NINCK, M. *Wodan und germanischer Schicksalsglaube*. Jena: [s.e.], 1935.

homem-fera, deus da tempestade, andarilho, errante, lutador, deus do desejo e do amor, senhor dos mortos e dos guerreiros, conhecedor do oculto, mago e deus dos poetas. Ele não deixou de considerar também o ambiente mítico de Wotan, as Valquírias e Fílgias, pois pertencem ao significado destinal de Wotan. Bastante rica e esclarecedora é a pesquisa feita a respeito dos nomes e sua etimologia. Ela mostra que Wotan incorpora tanto o lado impulsivo-emocional do inconsciente quanto o lado intuitivo-inspirador, sendo, de um lado, o deus da fúria e do delírio e, de outro, o revelador dos signos misteriosos e o provedor dos destinos.

Embora identificado pelos romanos com Mercúrio, sua natureza não corresponde propriamente a nenhum dos deuses gregos ou romanos. Com Mercúrio, Wotan tem em comum a errância, com Plutão e Crono, o domínio dos mortos; com Dioniso, o delírio em sua forma encantatória. O que me surpreende é o fato de Ninck não se referir a Hermes, deus helenístico da revelação que leva o significado de vento enquanto *pneuma* e *nous*. Ele seria desse modo a ponte com o *pneuma* cristão e o milagre de Pentecostes. Da mesma forma que Poimandres, Hermes é um possuidor dos homens. Ninck afirma com razão que Dioniso jamais deixou de se submeter à autoridade onipotente de Zeus, aliás, como todos os outros deuses. Este fato diferencia substancialmente o critério grego do germânico. A execução de Crono, que Ninck levanta como fator de semelhança com Wotan, talvez possa aludir a uma superação ou desintegração do tipo Wotan na Antiguidade. Em todo caso, o deus germânico representa uma totalidade que, num nível primitivo, corresponde a uma condição psíquica em que o homem só queria o que seu deus queria enquanto seu destino dependia desse deus. Já entre os gregos, havia deuses que prestavam ajuda contra deuses, e Zeus, o pai de todos, não estava muito longe do ideal do déspota esclarecido e bem-intencionado.

Wotan, ao contrário, não apresenta nenhum sinal de idade; ele simplesmente desapareceu quando os tempos se voltaram contra ele, conforme o seu modo de ser, permanecendo invisível por mais de 1000 anos, ou seja, mantendo-se ativo de maneira anônima e indireta. Na verdade, os arquétipos são como leitos de rios, abandonados pelas águas mas guardando sempre a possibilidade de retornar depois de um certo tempo. Um arquétipo é como o curso de uma velha torrente em que fluíam várias águas da vida e que foram profundamente enterradas. E quanto mais tempo tenham seguido uma determinada direção, mais provável que para lá regressem. Enquanto a vida do indivíduo é regulada pela sociedade à semelhança de um canal retensor de águas, sobretudo no âmbito do Estado, a vida dos povos se mostra como o curso de uma torrente do qual ninguém é senhor, ao menos nenhum homem, a não ser aquele Um que foi sempre mais forte do que os homens. A Liga das Nações, que deveria possuir uma autoridade supranacional é, para alguns, ainda como uma criança que precisa de ajuda e proteção ou, para outros, um nascimento prematuro. A vida dos povos transcorre de modo incontrolável, desorientado e inconsciente, à imagem de uma rocha que se precipita encosta abaixo, só se deixando frear por um obstáculo ainda mais poderoso do que ela. É por isso que o acontecer político corre de um beco sem saída para outro, como um riacho na selva que flui por entre barrancas, meandros e pântanos. Quando se trata do movimento da massa e não mais do indivíduo, cessam os regulamentos humanos e os arquétipos passam a atuar. É o que também acontece na vida do indivíduo quando este se vê diante de situações que não mais consegue controlar através das categorias que conhece e dispõe. Por fim, podemos observar com bastante nitidez o que pode fazer um "Führer" diante de uma massa em movimento, ao sul e ao norte de nosso país.

396   O arquétipo dominante não permanece sempre o mesmo. Isso também se exprime no fato de o reino de paz tão almejado, o reino "milenar", ter sempre limites. Em toda a parte norte da Europa, a figura mediterrânea do pai, ordenador, correto e até amável, viu-se destruída como atestam, inclusive, os destinos atuais das Igrejas cristãs. O fascismo na Itália e a situação espanhola demonstram que esse abalo foi maior do que se poderia supor. A própria Igreja católica não foi capaz de dar provas de força nesse sentido.

397   O deus nacional atacou em todas as frentes o cristianismo, quer se dê a esse fato o nome de técnica e ciência como na Rússia, de Duce na Itália, ou de "fé alemã" ou "cristianismo alemão" na Alemanha. Os "cristãos alemães"[13] constituem uma *contradictio in adiecto* e fariam bem melhor se passassem para o movimento de fé ale-

---

13. Movimento nacional-socialista dentro da Igreja protestante que busca eliminar todos os vestígios do Antigo Testamento no cristianismo.

mã de Hauer[14], para o campo daquelas pessoas decentes e bem-intencionadas que confessam seu estado de "possuídos", mas que também tentam revestir a nova realidade da possessão com uma roupagem de conciliação, com características históricas, para não chocar muito. Assim, as grandes figuras da mística alemã, como Mestre Eckhart, por exemplo, que era um alemão e também um possuído, poderiam constituir uma perspectiva consoladora e autêntica. Evitar-se-ia a pergunta mais escandalosa: Quem é o causador desta possessão? – pois esse foi sempre "Deus". Contudo, quanto mais Hauer, partindo do vasto círculo indo-germânico, começa a se aproximar do "nórdico", da Edda[14a] em especial, e quanto mais alemã se torna a fé, enquanto expressão desta possessão, mais claro é o fato de que o deus "alemão" é o deus dos alemães.

É realmente impossível não sentir profunda emoção com a leitura do livro de Hauer, *Deutsche Gottschau – Grundzüge eines deuts*-

---

14. Wilhelm Hauer (* 1881), missionário e depois professor de sânscrito na Universidade de Tübingen, foi o fundador e o dirigente do movimento de fé alemã. Este movimento tenta estabelecer uma "fé alemã", baseada nas tradições germânicas e nórdicas tomando por base, entre outros, Mestre Eckhart e Goethe. Esse movimento tentou combinar um número imenso de orientações diferentes: alguns de seus participantes supunham uma forma liquidada de cristianismo e outros recusavam não apenas o cristianismo mas todo e qualquer tipo de religião ou deus. Um dos artigos gerais que introduziu o movimento em 1934 estabelecia como ideal do movimento de fé alemã o renascimento religioso da nação, a partir dos fundamentos herdados da raça germânica. Compare-se o discurso do pastor evangélico do "Conselho Superior da Igreja", Dr. Langmann, que, "vestido com o uniforme da S.A. e botas de cano longo", proferiu diante do morto Gustlofp um verdadeiro discurso de preparação para uma viagem ao Hades. Ele levou o morto para Walhalla, pátria dos "mártires Siegfried e Baldur", que com seu "sacrifício alimentam a vida do povo alemão", assim como outros o fizeram, Cristo, por exemplo. "Este deus enviou os povos da terra pelos caminhos ruidosos da história... Senhor, abençoai nossa luta. Amém." Assim concluiu o pastor, escreveu o *Neuer Zürcher Zeitung* (n. 249, 1936). Sem dúvida, foi muito edificante enquanto devoção a Wotan e bastante tolerante para os que creem em Cristo! Será que a Igreja confessional também tende a ser tão tolerante e afirmar sua pregação de que Cristo derramou seu próprio sangue para a salvação dos homens assim como Siegfried, Baldur e Wotan? Hoje em dia essas perguntas inesperadas e grotescas são absolutamente possíveis.

14a. Edda constitui o corpo mais antigo da literatura nórdica, dividido em dois livros e datados do século XIII. O primeiro é comumente denominado de Nova Edda e o segundo de Antiga Edda ou Edda poética. Este último é dividido em várias partes em que a primeira, a Völuspà (Profecias de Sibila), narra a história dos deuses, dos homens, do nascimento do mundo à morte dos deuses e à destruição do mundo [N.T.].

chen Glaubens (Visão alemã de Deus – características de uma fé Alemã). E isso se o considerarmos como um intento trágico e verdadeiramente heroico de um intelectual conscencioso que, por pertencer ao povo alemão, recebeu o apelo e foi possuído, sem o saber, pela voz imperceptível do possuidor e depois tenta construir, com todo o empenho de seu saber e de suas forças, uma ponte entre o obscuro poder vital e o mundo luminoso das figuras e ideias históricas. Mas será que todas essas belas coisas de um passado e de uma humanidade diferente podem dizer alguma coisa sobre o encontro que o homem de hoje faz com uma divindade tão viva e abissal? Decerto essas coisas também serão arrastadas pelo turbilhão do vento como folhas secas e as aliterações da Edda ressoarão através dos textos místicos cristãos, nos poemas alemães e na sabedoria dos Upanixades, e o próprio Hauer será possuído pelas sugestivas e profundas palavras germânicas primitivas num grau que certamente jamais poderia supor. Isso não acontece em razão do indólogo que vive no espírito de Hauer e nem da Edda que já existem há muito tempo, e sim por causa do "kairós" que, se olharmos com atenção, chama-se agora Wotan. Por esse motivo, é que aconselharia ao movimento de fé alemã a agir de maneira mais prudente. Os mais entendidos não confundiriam seus adeptos com os prosélitos idiotas de Wotan que, na verdade, são capazes apenas de simular uma fé. Existem defensores do movimento de fé alemã que estariam em condições, do ponto de vista humano intelectual, de não apenas crer como também perceber e saber que o deus dos alemães é Wotan e não o deus universal dos cristãos. Isso não é uma vergonha mas, sobretudo, uma experiência trágica. Foi sempre terrível cair nas mãos de um deus vivo. Nessa perspectiva, Jeová também não constitui exceção e, certamente, muitos filisteus, edomitas, amonitas e outros que se encontravam fora dessa experiência a sentiram como algo bastante desagradável. A vivência semita de Deus a que se chamou Alá foi, durante muito tempo, uma situação extremamente penosa para o conjunto do cristianismo. Nós que observamos de fora estaríamos sendo demasiado severos ao julgar o alemão como responsável por suas ações; talvez fosse mais justo considerá-lo não só sujeito, mas também paciente dessa ação.

Se aplicarmos de maneira consequente nosso modo de observação, teremos de concluir que Wotan ainda haverá de mostrar, além de seu caráter inquieto, violento e tempestuoso, sua outra natureza, a do êxtase e do encantamento. Caso essa conclusão esteja correta, o nacional-socialismo ainda não constituirá sua última expressão e poderemos aguardar coisas insuspeitáveis nos próximos anos ou décadas. O redespertar de Wotan significa um passo atrás e uma volta; o rio represado volta a irromper em seu antigo leito. Na verdade, a represa nunca é eterna, significando bem mais um *reculer pour mieux sauter* (recuar para melhor saltar) e, decerto, a água chegará a superar o obstáculo. Nesse momento, assistiremos a manifestação daquilo que Wotan "murmurava com cabeça de Mime":

> O que murmura Wotan com cabeça de Mime?
> Já lhe ferve a fonte: a coroa da árvore do mundo
> arde ao som estridente da trompa
> que Heimdold empunha para conclamar o exército.
> A árvore estremece; mas ainda permanece de pé
> com o sussurrante Laurath até que Loge se liberte.
> O cão late selvagem diante do desfiladeiro de Hella
> até que também se rompam as correntes do corcel indomável.
>
> Pela manhã, segue um gigante, escudado,
> erguendo o verme do mundo e levado pela ira de Jote:
> ele bate as ondas, gritam os consagrados,
> sedentos de cadáveres quando parte o barco da morte.
> Pela manhã, ao se aproximarem os Muspilos,
> dirige hoje a quilha veloz, mar adentro;
> traz a bordo o lobo e a cria lupina,
> o irmão da tormenta ao largo do caminho.[15]

---

15. Extraído da Völuspà, in: EDDA, D. *Gotterlieder und Heldenlieder.* Trad. Hans von Wolzogen. Leipzig: [s.e.], [s.d.], p. 149. [Mime, na mitologia nórdica, é o mais sábio dos deuses da tribo Aesir, também venerado como um espírito aquático. Foi enviado para uma visita aos deuses inimigos onde foi decapitado e sua cabeça enviada para Aesir. Wotan preservou a cabeça com ervas e dela recebeu o conhecimento. Jote, ou Jötun, significa o gigante, verme do mundo; Heimdold, ou Heimdall, é o vigia dos deuses, chamado o deus luminoso que tinha entre todos os deuses a pele mais branca. Os Muspilos são os filhos da terra quente, resplandecente, guardada pelo gigante do fogo que deverão, de acordo com a lenda, ressurgir e destruir o mundo pelo fogo (N.T.)].

XI

Depois da catástrofe*

400   Esta é a primeira vez, desde 1936, que volto a escrever sobre a Alemanha. Ao final do artigo anterior, citei uma passagem do *Völuspà:* "O que murmura Wotan com cabeça de Mime?", a fim de caracterizar a natureza apocalíptica dos acontecimentos futuros. O mito tornou-se realidade, e hoje grande parte da Europa encontra-se em ruínas.

401   Toda reconstrução pressupõe uma limpeza de terreno a qual, por sua vez, exige *reflexão*. Pergunta-se qual o sentido da tragédia. Tentei responder como pude às perguntas que me foram colocadas. E como a transmissão exclusivamente oral possibilita, com muita facilidade, a criação de lendas, decidi-me, não sem hesitações, a escrever minhas opiniões. Sei que a Alemanha constitui um problema de ampla envergadura. Sei também que a opinião subjetiva de um médico e psicólogo só poderá responder a um dos aspectos desse gigantesco emaranhado de questões. Devo, portanto, me contentar com a tarefa mais modesta da limpeza e abdicar da reconstrução. No momento, trata-se sobretudo de limpar o terreno.

402   Pude perceber durante a redação desse artigo como a minha mente se achava conturbada e como é difícil encontrar uma posição relativamente tranquila e equilibrada no turbilhão dos afetos. Para tanto, seria necessário muito sangue frio e superioridade. De maneira geral, porém, nós estamos bem mais comprometidos com o que aconteceu na Alemanha do que poderíamos supor. Ao mesmo tem-

---

* Publicado pela primeira vez em *Neue Schweizer Rundschau,* nova série XIII/2 (Zurique, 1945), p. 67-88, posteriormente em *Ensaios sobre história contemporânea.* Zurique: [s.e.], 1946.

po, não podemos ser condescendentes pois, na verdade, o coração da condescendência abriga muitos outros sentimentos que não podem ser esquecidos. Mesmo que fosse possível, o médico ou o psicólogo jamais devem se deixar guiar *apenas* pelo sangue frio. Em seu relacionamento com o mundo, não é apenas o mundo que está em jogo, mas eles próprios e todos os seus sentimentos, sem o que essa relação não seria integral. Nesse sentido, vi-me diante da tarefa de guiar meu barco entre Cila e Caribde e, como é costume nesse tipo de viagem, tapar o ouvido de uma parte de minha natureza e atar a outra ao mastro. Não posso esconder do leitor que nunca um artigo me custou tanto esforço moral e humano. Eu não podia aquilatar o quanto tudo isso *me* afeta. Creio que muitos compartilham esse sentimento. Essa identidade interior ou *participation mystique* com os acontecimentos na Alemanha me propiciou, de maneira penosa, experimentar mais uma vez o alcance do conceito psicológico da *culpa coletiva*. Desse modo, não poderia abordar esse problema com sentimento de superioridade e sangue frio, mas com o reconhecido sentimento de inferioridade.

O uso psicológico dessa expressão não deve ser confundido com uma construção jurídico-moral. O conceito psicológico de culpa descreve a existência irracional de um sentimento de culpa subjetivo (ou de uma certeza de culpa) ou ainda de uma culpa objetivamente atribuída (participação solidária na culpa). À última pertence, por exemplo, o caso de alguém que é membro de uma família que tenha tido a infelicidade de ser difamada pelo crime de um parente. É evidente que esse alguém não pode ser responsabilizado nem jurídica nem moralmente: a atmosfera de culpa, no entanto, já se faz notar pelo simples fato de se considerar vergonhoso o próprio nome e a família sentir-se magoada quando um estranho pronuncia o seu nome. Do ponto de vista jurídico, a culpa só pode ser circunscrita a quem viola o direito; como fenômeno psíquico, porém, ela se estende para além dos limites espaciais e humanos. Um bosque, uma casa, uma família, e até mesmo uma aldeia em que tenha ocorrido um crime sente internamente a culpa psíquica além de ser acusada externamente. Alguém seria capaz de alugar um quarto sabendo que ali uma pessoa foi assassinada há dois dias atrás? Alguém sentiria prazer em se casar com a irmã ou a filha de um criminoso? Um pai não se sente profundamente atingido com o fato de ter um filho no reformatório e não se sentiria muito ferido em seu orgulho familiar se um primo de mesmo nome desonrasse sua casa? Todo suíço decente não experimentaria uma profunda vergonha, numa expressão mais suave, se o nosso governo também tivesse construído uma instituição dedicada à matança de seres humanos como Maidanek? Haveria de causar em nós estupefação se na fronteira, com um passaporte suíço na mão, ouvíssemos: "Esses porcos suíços"? Por sermos patriotas não sentimos um pouco de vergonha pelo fato de a Suíça ter gerado tantos traidores de sua pátria?

404   Dentro da Europa, nós suíços nos sentimos propriamente fora do círculo mágico e sombrio da culpa alemã. Mas essa situação se modifica inteiramente quando nós, enquanto europeus, nos vemos num outro continente ou ante um povo exótico. O que haveremos de dizer se um hindu nos perguntasse: "Vocês querem nos trazer a cultura cristã? Mas o que fez a Europa em Auschwitz e Buchenwald?" Será que ajudaria dizer que tudo isso não ocorreu em nosso país, mas a 200km a leste, que não foi em nossa terra mas numa terra europeia vizinha? (Na Europa os países são tão próximos em comparação a outros continentes!) O que haveríamos de dizer se um hindu nos interpelasse com indignação e apontasse para o fato de que a mancha de vergonha não está em Travancore e sim em Haiderabad? Sem dúvida exclamaríamos: "Ah! A Índia é a Índia!" do mesmo modo que no Oriente se diria: "Ah! A Europa é a Europa!" Tão logo nós europeus inocentes atravessamos as fronteiras de nosso continente, sentimos algo da culpa coletiva que pesa sobre o nosso hemisfério, apesar de nossa boa consciência. (Um inciso: Será que a Rússia é tão primitiva a ponto de sentir nossa culpa contagiosa, outro nome possível para culpa coletiva, e nos acusar pelo fascismo?) O mundo discrimina a Europa porque, em última instância, foi em seu solo que cresceram os campos de concentração. A Europa, por sua vez, segrega a Alemanha, apontando as nuvens de culpa que recobrem esse país e o seu povo, pois foi na Alemanha e pelos alemães que tudo isso aconteceu. Nenhum alemão pode negar, da mesma forma que nenhum europeu ou cristão, que o crime mais terrível de todos os tempos foi cometido em sua casa. A Igreja cristã pode cobrir de cinzas a cabeça e rasgar as vestes pela culpa de seus filhos, mas as sombras dessa culpa recaíram sobre eles e sobre toda a Europa, a mãe dos monstros. Da mesma maneira que a Europa precisa ajustar contas com o mundo, a Alemanha

deve fazê-lo em relação à Europa. E assim como o europeu não poderá convencer o hindu de que a Alemanha não lhe concerne propriamente, de que ele não está na Europa ou de que esse assunto não lhe interessa, o alemão não pode se desfazer da culpa coletiva diante do europeu sob o pretexto de que não sabia de nada. Com isso ele aumentaria ainda mais sua culpa coletiva pelo pecado da inconsciência.

A culpa coletiva psicológica é uma *fatalidade trágica*; atinge a todos, justos ou injustos, que, de alguma maneira, se encontravam na proximidade do crime. Decerto, nenhum homem razoável e consciencioso haverá de confundir a culpa coletiva com a individual, responsabilizando um indivíduo antes mesmo de ouvi-lo. Ele saberá distinguir a culpa individual da culpa meramente coletiva. No entanto, quantas pessoas são conscienciosas e razoáveis ou quantas se esforçam por ser ou vir a ser? Nesse aspecto, não sou muito otimista. A culpa coletiva é, sem dúvida, uma impureza *mágica,* primitiva e arcaica e, justamente devido à irracionalidade generalizada, é algo bastante real que nenhum europeu que esteja fora da Europa e nenhum alemão fora da Alemanha pode deixar de considerar. Caso um alemão pretenda sair-se bem com a Europa, ele terá de adquirir consciência de que diante da Europa é um culpado. Como alemão, ele traiu os bens e a cultura europeia, envergonhou sua família europeia, assaltando, torturando e matando seus irmãos. O alemão não pode esperar que a Europa possua a "finesse" de provar primeiramente em cada caso se o criminoso é um Müller ou um Meier. A Europa não lhe concederá o crédito de ser tratado como um *gentleman*, até que se prove o contrário. Durante 12 anos, comprovou-se cabalmente que o alemão oficial não era de modo algum um *gentleman*.

Mas se um alemão reconhecer perante o mundo a sua inferioridade moral, assumindo a culpa coletiva e não fizer qualquer tentativa para diminuí-la ou justificá-la com argumentos insuficientes, ele terá boas chances de, após algum tempo, ser acatado como um homem decente e ser absolvido, ao menos individualmente, da culpa coletiva.

Pode-se objetar que a culpa coletiva é um preconceito e uma condenação injusta. Sem dúvida ela o é, mas é precisamente isso que constitui a sua essência irracional: ela jamais se pergunta pelo justo e o injusto, ela é a nuvem sinistra que se levanta no lugar de um crime inexpiado. É um fenômeno psíquico e, deste modo, dizer que o povo alemão carrega uma culpa coletiva não significa condená-lo, mas apenas constatar um fato existente. Penetrando mais profundamente na psicologia desse fato, logo reconhecemos que o problema da culpa coletiva comporta um aspecto bem mais amplo e significativo do que o simples preconceito coletivo.

408 Se considerarmos que nem todo homem mora psiquicamente numa concha de caracol, ou seja, que não vive longe dos demais e que o seu ser inconsciente se acha ligado a todos os outros homens, então um crime nunca pode ocorrer de maneira isolada como pode parecer à consciência. Ele acontece num âmbito bem mais vasto. A sensação que todo crime provoca, o interesse apaixonado pela perseguição e julgamento do criminoso etc., demonstram que praticamente todo mundo, desde que não seja insensível ou apático de forma anormal, é excitado pelo crime. Todos vibram conjuntamente, todos se sentem dentro do crime, tentam compreendê-lo e esclarecê-lo... Algo se acende, o fogo do mal que flameja no crime. Platão já sabia que a visão do feio provoca o feio na alma. A indignação e a exigência de punição se levantam contra o assassino e isso tanto mais violenta, apaixonada e odiosamente quanto mais ferver a chispa do mal dentro da própria alma. É um fato inegável que o mal alheio rapidamente se transforma no próprio mal, na medida em que acende o mal da própria alma. O assassinato acontece, em parte, dentro de cada um e todos, em parte, o cometeram. Seduzidos pela fascinação irresistível do mal, todos nós possibilitamos, em parte, a matança coletiva em nossas mentes e na razão direta de nossa proximidade e percepção. Com isso, estamos irremediavelmente imiscuídos na impureza do mal, qualquer que seja o uso que dele fizermos. Nossa indignação moral cresce em virulência e desejo de vingança quanto mais forte arder em nós a chama do mal. Disso ninguém pode escapar, pois somos todos humanos e pertencemos igualmente à comunidade dos homens. Assim, todo crime desencadeia num recanto de nossa mente múltipla e variada uma satisfação secreta que, por sua vez, em caso de disposição moral favorável, produz uma reação oposta nos compartimentos vizinhos. Disposições morais fortes, porém, são infelizmente raras. Quando os crimes aumentam, a indignação predomina e o mal se converte em moda. De santo, louco e criminoso todos temos "estatisticamente" um pouco. Graças a essa condição humana universal exis-

te, em todas as partes, uma sugestibilidade correspondente ou propensão. A nossa época, isto é, os últimos cinquenta anos, preparou o caminho para o crime. Será que, por exemplo, o grande interesse pelos romances policiais não nos parece suspeito?

Já bem antes de 1933 havia no ar um cheiro impreciso de incêndio e um interesse apaixonado por descobrir o foco do incêndio e encontrar o incendiário. Quando espessas nuvens de fumaça cobriram a Alemanha e o incêndio do Reichstag deu o sinal, descobriu-se onde estava o incendiário, o mal em pessoa. Por mais terrível que essa descoberta possa ter sido, ela, no entanto, propiciou uma espécie de alívio. Pois agora já se sabia precisamente o lugar da injustiça e, ao mesmo tempo, que estávamos do outro lado, ou seja, entre as pessoas decentes cuja indignação moral deveria aumentar sempre na razão direta do crescimento da culpa do outro lado. Até os gritos clamando a execução em massa não mais ofendiam os ouvidos dos justos e se considerava uma justiça divina o incêndio das cidades alemãs. O ódio encontrou assim motivos respeitáveis, ultrapassando o estado de idiossincrasia pessoal e secreta, tudo isso sem que o respeitável público percebesse a presença vizinha do mal. 409

Ninguém imagine poder escapar a esse jogo de contrários. Até um santo deveria orar pelas almas de Hitler e Himmler, da Gestapo e da SS a fim de reparar a vergonha que sofria em sua própria alma. A visão do mal acende o mal na própria alma. Isso é inevitável. Não é só a vítima aquele que sofre o mal. Também o assassino e todo o âmbito humano que rodeia o crime são por ele maculados. Algo irrompe do sinistro abismo do mundo, envenenando o ar e contaminando a água cristalina com um gosto repugnante de sangue. Sem dúvida, somos inocentes. Somos inclusive as vítimas saqueadas, enganadas e violentadas, no entanto, talvez por isso, a chama do mal arda em nossa indignação moral. Assim deve ser, isto é, faz-se necessário que alguém sinta indignação e se torne a espada da justiça do destino: os maus atos devem ser expiados, pois do contrário os maus arruinarão o mundo ou os bons se verão sufocados em sua ira, o que, em todo caso, não trará nada de bom. 410

No momento em que o mal irrompe no mundo, ele já eclodiu por toda parte no âmbito psíquico. A toda ação corresponde uma reação que provoca tanta ou mais destruição do que a ação criminosa, 411 pois o mal deve ser totalmente erradicado. Para não sermos contaminados pelo mal, precisaríamos propriamente de um "rite de sortie" que consistiria na declaração solene da culpa e da absolvição posterior do juiz, do verdugo e do público.

412   Os fatos ocorridos na Alemanha e a desolação moral de toda uma geração de "oitenta milhões" significam um golpe contra o europeu em geral. (Antigamente podia-se relegar tais coisas à Ásia!) O fato de um membro da família cultural europeia ter chegado ao horror dos campos de concentração lança sobre todos os demais uma luz de suspeita. Quem somos nós para achar que algo semelhante nunca se passaria conosco? Multipliquemos o povo suíço por vinte e seremos uma nação de "oitenta milhões". Nossa inteligência e nossa moral públicas seriam então divididas por vinte, em razão da influência moral e espiritual tão devastadora da aglomeração de massa e da massificação. Com isso cria-se a base para um crime coletivo e seria até um milagre se tal não ocorresse. Acreditamos honestamente que *nós* estaríamos imunes a isso? Nós que possuímos tantos traidores e psicopatas políticos? Com espanto, comprovamos que o homem é capaz de tudo, que nós somos capazes de tudo e desde então paira uma dúvida atroz acerca da humanidade a que pertencemos.

413   Deve-se ter bem clara a necessidade de certas condições para o desenvolvimento de uma tal degeneração. É necessário sobretudo que massas inteiras sejam deslocadas de seu solo e concentradas nas cidades e indústrias, sufocando-se numa ocupação unilateral de modo a perderem todos os instintos sadios, mesmo o da autoconservação. O nível do instinto de autopreservação cai na proporção em que aumentam as esperanças no Estado, o que é um mau sintoma. Depositar as esperanças no Estado significa que se espera em todos (= Estado) menos em si mesmo. Todos se apoiam uns nos outros, num falso sentimento de segurança, pois o apoio de dez mil é como um apoio no ar. A diferença é que não mais se percebe a insegurança. A esperança crescente no Estado não é um bom sintoma e significa, na verdade, que o povo está a caminho de se transformar num rebanho o qual sempre espera de seus pastores os bons pastos. Logo o cajado do pastor se converterá em vara de ferro e os pastores em lobos. Não foi fácil contemplar como toda a Alemanha respirou aliviada quando um psicopata megalomaníaco disse: "Eu assumo a responsa-

bilidade". Quem ainda possui algum instinto de autoconservação sabe que apenas um impostor pode querer assumir a responsabilidade pela existência de um outro, pois ninguém em pleno juízo o faria. Quem tudo promete nada cumpre e, aquele que muito promete está na iminência de se valer de expedientes escusos para cumprir a promessa, abrindo as vias para uma catástrofe. A contínua expansão da assistência estatal é, por um lado, muito bonita, mas, por outro, bastante suspeita na medida em que retira do indivíduo a responsabilidade, produzindo cordeiros e pessoas infantilizadas. Ademais existe o perigo da exploração dos competentes pelos irresponsáveis, como aliás aconteceu em muitos casos na Alemanha. É preciso que se tente preservar ao máximo o instinto de autoconservação do cidadão, pois separado da raiz nutrícia de seus instintos o homem se converte num joguete de todos os ventos; nesse caso, ele não passa de um animal doente, desmoralizado e degenerado cuja sanidade só poderá ser restituída mediante uma catástrofe.

Com essas palavras, tenho a sensação de me comparar ao profeta que, segundo o testemunho de Flávio Josefo, chorava pela cidade de Jerusalém cercada pelos romanos. De nada serviu para a cidade o seu pranto, e uma pedra o atingiu mortalmente. 414

Por maior que seja a nossa vontade, não podemos plantar na terra um paraíso e se isso acontecesse levaria apenas um curto espaço de tempo para degenerar em todos os sentidos. Sentiríamos prazer na destruição de nosso paraíso e depois nos espantaríamos com ela. Como somos um povo de "oitenta milhões", possuímos a convicção de que os "outros" é que são culpados pelos danos e nem conseguimos sequer nos atribuir qualquer responsabilidade ou culpa. 415

A situação é doentia, desmoralizante e mentalmente anormal: um lado faz coisas das quais o outro lado, o "decente", nada quer saber; este encontra-se continuamente na defensiva contra as acusações reais ou supostas que, no entanto, são frutos bem mais do julgamento de seu próprio coração do que de fora. Na medida, porém, em que essa atitude constitui uma defesa natural contra a doença, não se deveria apresentar ao povo alemão os seus horrores, pois se estaria reforçando o julgamento interior (nos próprios corações aliados!). Se os homens soubessem a vantagem que representa encontrar a própria culpa, que dignidade e elevação da alma isso significa! Entretanto, parece que 416 essa compreensão ainda não despertou em parte alguma. Em seu lugar, fala-se em demasia de tentativas de se livrar da culpa – "ninguém quer ter sido um nazista". Jamais foi indiferente para o alemão a sua imagem no estrangeiro. Ele não suporta ser desaprovado nem criticado. De fato, os sentimentos de inferioridade produzem alto grau de sugestibilidade e tentativas compensatórias de imposição, buscando enaltecer a massa e demonstrar com furor as "habilidades alemãs" até ao terror e ao fuzilamento de reféns. Isso deve, no entanto, ser visto mais como busca de prestígio do que propriamente de assassinato. Em geral, os sentimentos de inferioridade são um sentimento inferior, o que não é um simples jogo de palavras. Nenhum desempenho intelectual ou técnico do mundo pode desafiar a inferioridade do sentimento. Propagar teorias raciais pseudocientíficas não basta para que se aceite o extermínio dos judeus, da mesma forma que nenhuma falsificação histórica pode legitimar uma política equivocada.

417   Esse espetáculo evoca a figura que Nietzsche descreveu com tanta precisão do "criminoso pálido"[1] que possui, na realidade, todas as características da histeria. Ele não quer e não consegue aceitar ser como é; não pode suportar sua culpa como também não pode deixar de cometê-la. Ele não se envergonha de enganar a si mesmo para salvar a pele. Isso acontece em toda parte. Mas jamais, ao menos parece, aconteceu de modo tão nacional como na Alemanha. Não sou, de forma alguma, o primeiro a apontar o sentimento de inferioridade dos alemães. (O que não disseram Goethe, Heine e Nietzsche a respeito de sua própria terra?) O sentimento de inferioridade nunca é injustificado. Vale não só para o lado ou função em que aparece como se refere a uma inferioridade real, embora imprecisa. Isso pode facilmente provocar uma dissociação histérica da personalidade, que consiste basicamente no fato de uma mão não saber o que a outra faz, em se querer saltar a própria sombra e projetar no outro tudo que é obscuro, culpado e inferior. Nesse estado, tem-se a sensação de estar sempre cercado por pessoas sem compreensão, animadas apenas de más intenções e por pessoas inferiores, maldosas, homens de segunda classe, "subomens" que precisam ser exterminados para que a pró-

---

1. *Also sprach Zarathustra*. Op. cit., p. 52s.

pria superioridade possa ser preservada. A inferioridade já está operando na própria evolução desses pensamentos e sentimentos. Todos os histéricos são, por isso, espíritos atormentados e atormentadores porque não querem sentir a dor de sua própria inferioridade. Uma vez que ninguém pode sair da própria pele e abandonar a si mesmo, o mal que se encontra por toda parte é o mal de si mesmo. Chama-se a isso de neurose histérica.

Todos esses sintomas, a completa cegueira acerca do próprio caráter, a admiração autoerótica de si mesmo, a depreciação e atormentação dos demais (com que desprezo Hitler falava de seu povo!), a projeção da própria sombra, a falsificação mentirosa da realidade, o "querer impressionar" e impor, os blefes e imposturas, reúnem-se naquele homem que foi dado clinicamente como histérico, mas que um destino curioso transformou durante 12 anos no expoente político, moral e religioso da Alemanha. Será isso um mero acaso? 418

O diagnóstico mais preciso de Hitler seria o de *pseudologia phantastica*, ou seja, uma forma de histeria que se caracteriza pela capacidade especial em acreditar nas próprias mentiras. Tais pessoas têm, geralmente, durante algum tempo, um êxito avassalador sendo por isso perigosas para a sociedade. Nada é mais convincente do que se acreditar que a própria mentira, a própria maldade ou má intenção sejam boas; em todo caso, é bem mais convincente do que um homem simplesmente bom e sua boa ação ou de um homem mau e sua má ação. O povo alemão não se teria deixado convencer (a não ser algumas poucas exceções inexplicáveis) pelos gestos de Hitler tão ridículos e patéticos, ou seja, tão manifestamente histéricos e pelos seus discursos prolixos, se a sua figura, que a meus olhos parecia um espantalho psíquico (com um braço estendido à semelhança de um cabo de vassoura), não refletisse a histeria geral dos alemães. Não é sem restrições que ousamos compreender todo um povo como "psicopaticamente inferior" –, mas Deus sabe que esta foi a única possibilidade de se explicar de alguma maneira o efeito produzido nas massas por esse espantalho. No rosto desse demagogo se podia ler uma triste falta de formação que produziu uma presunção delirante, uma inteligência mediana dotada de astúcia histérica e uma fantasia de poder adolescentes. Seus movimentos eram todos artificiais e preestudados por um cérebro histérico que só se preocupava em causar 419 impressão. Ele se comportava publicamente como alguém que conduz sua própria biografia, comportando-se, nesse caso, como o herói sinistro, "durão", "demoníaco" das novelas baratas e do mundo imaginário de um público infantil que apenas conhece o mundo através das "divas" dos filmes de segunda categoria. Destas impressões concluí já naquela época (1937) que as catástrofes seriam inevitáveis e mais sangrentas do que havia suposto até então. Pois essa representação teatral tão transparente quanto histérica não dizia respeito a simples "pedras do jogo de xadrez do mundo", mas a divisões de tanques da *Wehrmacht* e da indústria pesada alemã. Um povo de "oitenta milhões" forçava contra uma resistência interna pequena e ineficaz a entrada no circo para assistir à sua própria destruição.

420 Os colaboradores mais próximos de Hitler, como Goebbels e Göring, são figuras igualmente impressionantes. Göring fazia o tipo do tratante barato, enquanto o primeiro representava o trapaceiro e literato de boteco, igualmente desprezível, perigoso e irreconhecível, apesar de mal dotado pela natureza. Qualquer um dos elementos desse trio impressionante seria suficiente para, por si só, levar um homem instintivo e incorrupto a se benzer três vezes. Mas o que aconteceu? Hitler foi elevado aos céus, tendo havido inclusive teólogos que nele viram o salvador. Göring era uma figura popular devido a suas fraquezas. Apenas poucos atentavam para seus crimes. Suportava-se Goebbels porque, para alguns, a mentira é necessária ao sucesso e o sucesso tudo justifica. Esses três formam uma unidade muito forte e quase não conseguimos compreender como tais monstros chegaram ao poder. Entretanto, não podemos julgar a partir de hoje e dos acontecimentos que culminaram na catástrofe. Nosso julgamento teria sido bem diferente se nos baseássemos somente nos acontecimentos de 1933 e 1934. Nessa época, tanto na Alemanha como na Itália, havia muitos fatos plausíveis e favoráveis ao regime. O desaparecimento de centenas de milhares de errantes das ruas alemãs constituiu um argumento irrefutável. A aragem que no pós-guerra bafejava os dois países era um sinal convincente de esperança. Toda a Europa presenciava esse espetáculo do mesmo modo que o Sr. Chamberlain que, no máximo, temia um aguaceiro. O fato de ser tão plausível é próprio da pseudologia fantástica, da qual, até certo ponto, também compartilhava Benito Mussolini (pseudologia controlada enquanto

seu irmão Arnaldo viveu). Ela inicia seus planos da maneira mais inocente do mundo, descobre as palavras corretas, usando todos os substantivos em "ão" e "dade", aponta inclusive convenientemente para a baleia invisível e não se pode deduzir no começo que sua intenção seja má. Existe mesmo a possibilidade de ser uma boa intenção e de sua bondade não ser falsa. No caso de Mussolini, por exemplo, parece não ser tão claro como branco no preto. Não é certo que, na pseudologia, a intenção de enganar seja o motivo principal; muitas vezes, o "grande plano" que desempenha o papel principal só passa a se valer de todas as possibilidades quando o problema da realização se torna iminente, concretizando a sentença de que "o fim justifica os meios". O pior acontece quando o pseudólogo é levado a sério por um grande público. À semelhança de Fausto, ele precisa fazer o pacto com o demônio, caindo assim em falso. Seria até admissível que o mesmo aconteceu, de forma análoga, com Hitler. "In dubio pro reo!" As atrocidades descritas em seu livro, despindo-as do pathos suábio, nos dão o que pensar e impõem a questão se o espírito do mal já não habitava esse homem antes mesmo da tomada do poder. Até 1936, era grande a preocupação e o receio de que o Führer estivesse submetido a "más influências", à magia negra etc. Estou convencido de que essas dúvidas se apresentaram demasiado tarde, mas também me parece possível que o próprio Hitler tenha tido durante algum tempo boa intenção e que só no decorrer dos acontecimentos se deixou arrastar pelo emprego de meios falsos.

Gostaria de acentuar mais uma vez que pertence à essência do pseudólogo ser plausível e que, mesmo para os mais experientes, não é de modo algum fácil perceber suas intenções, sobretudo quando a empresa ainda se encontra no estágio do idealismo. Não se consegue prever como as coisas haverão de se desenvolver. A única possibilidade de que se dispõe é uma atitude à la Chamberlain, em que se "dá uma chance" (*giving-a-chance*). Do mesmo modo que os estrangeiros, a grande maioria dos alemães não estava devidamente informada e por isso era tão fácil entregar-se aos discursos de Hitler de maneira demoníaca como convém ao gosto alemão (e não apenas a este).

Ao mesmo tempo em que se pode compreender a sedução inicial, é difícil conceber a ausência de reação. Não existiram generais que comandavam suas tropas para os atos mais desvairados? Mas por que não se reagiu após ter compreendido? Só consigo explicar essa ausência a partir de uma disposição mental peculiar, uma disposição transitória ou crônica que no indivíduo é denominada de histeria.

423   Na medida em que não posso dar por suposto que o leigo saiba o que se entende por "histeria", gostaria de observar que a disposição "histérica" constitui uma subdivisão do grupo chamado de "inferioridades psicopáticas". Com isso não se quer dizer que o indivíduo ou um povo sejam inteiramente "inferiores" e sim que existe um *locus minoris resistentiae* (lugar de menor resistência), uma certa instabilidade em meio a todas as qualidades possíveis. A disposição histérica consiste numa maior separação entre os opostos inerentes a toda psique, sobretudo os caracterológicos, do que nas pessoas consideradas normais. Essa maior distância gera uma tensão energética mais forte, o que explica a incontestável energia e força dos alemães. Por outro lado, a distância maior entre os opostos provoca no homem contradições, conflitos de consciência, desarmonia de caráter, em suma, tudo o que está expresso no Fausto de Goethe. Esse personagem é tão caracteristicamente alemão que jamais um não alemão poderia criá-lo. Nele podemos observar a nostalgia, oriunda da contradição e do dilaceramento interior daquele que "sofre a fome do infinito" (GOETHE, *Fausto*, II parte), este "Eros da distância", esta esperança escatológica da grande plenitude; nele fazemos a experiência do mais alto voo do espírito e da mais violenta queda na culpa e nas trevas e, ainda, da caída na mentira pretensiosa e na violência assassina consequentes ao pacto com o mal. Fausto também está dissociado, separando o seu próprio mal e projetando-o na figura de Mefistófeles a fim de possuir um álibi em caso de necessidade. Ele também não "sabe nada a respeito" das maquinações do demônio contra Filêmon e Báucis e, em nenhum momento, sentimos nele uma compreensão ou arrependimento verdadeiros. A adoração do sucesso ao mesmo tempo forte e suave impede amplamente uma ponderação moral e uma discussão ética, o que torna bastante nebulosa a personalidade de Fausto. Este jamais assume caráter de realidade: ele não é nem pode ser real (ao menos nesse lado), mas permanece uma ideia além do homem, um reflexo exagerado e desfigurado do homem alemão.

424   A essência da histeria consiste numa dissociação quase que sistemática, numa desvinculação dos pares de opostos que normalmente se

encontram estreitamente ligados, o que provoca, muitas vezes, uma cisão da personalidade, ou seja, um estado em que realmente uma mão não sabe o que a outra faz. Em geral, ocorre um espantoso desconhecimento acerca das próprias sombras, conhecendo-se apenas as boas intenções. E quando não é mais possível negar o mal, surge o "super-homem e o herói" que se enobrece pela envergadura de suas metas.

Como consequência do desconhecimento acerca do outro lado, aparece uma grande insegurança: não se sabe muito bem quem se é, sente-se inferior e não se quer saber em que e como essa nova inferioridade aumenta a já existente. É desta insegurança que brota a psicologia do prestígio própria aos histéricos que se caracteriza pela pretensão de "impressionar", pela apresentação e imposição de méritos, o desejo nunca satisfeito de reconhecimento, admiração e amor. Dessa insegurança nascem também a petulância, a pretensão, a arrogância, a insolência e a falta de tato pelo que muitos alemães, que em casa são subservientes como cães, firmam no estrangeiro a péssima reputação de seu povo. Da insegurança provém também aquela trágica falta de coragem civil, já criticada por Bismarck (pensemos no lamentável generalato!).

A falta de realidade do Fausto produz nos alemães uma correspondente falta de realismo. Ao falar excessivamente sobre o realismo e, na verdade, sobre um realismo "glacial", Fausto denuncia a histeria: o realismo é uma pose. Ele faz um teatro realista, mas o que realmente quer é conquistar o mundo contra o mundo. Só não sabe como. Sabe apenas que uma vez não conseguiu. Entretanto, logo encontra um motivo cômodo para crer e falsear o fracasso, convertendo-o num êxito. Quantos alemães acreditaram na lenda da punhalada em 1918? Quantas lendas de punhaladas possuímos hoje em dia? Acreditar em mentiras de modo a satisfazer um desejo constitui uma inferioridade pronunciada e um sintoma histérico bem conhecido. O sangue derramado na Primeira Guerra Mundial poderia ter bastado. Mas o que aconteceu? A ideia de glória e conquista, a cupidez de sangue obnubilaram de tal modo as mentes alemãs que elas não mais percebiam a realidade. No caso individual, essa situação é denominada estado crepuscular histérico. Quando todo um povo se acha nessa disposição, um *Führer-médium* pode percorrer os telhados com a "segurança" de um sonâmbulo para, por fim, amanhecer estirado na rua com a espinha fraturada.

427 Se nós suíços tivéssemos dado início a essa guerra teríamos agido da mesma maneira, esquecendo e desconsiderando todas as experiências, advertências e conhecimentos do mundo. Teríamos preparado uma edição original de Buchenwald, e reagido com espanto e fúria se algum estrangeiro dissesse que os suíços estavam loucos. Nenhum homem razoável pode estranhar esse julgamento. Mas será que temos o direito de afirmar semelhantes coisas sobre a Alemanha? Não sei o que os alemães pensam a esse respeito. Sei apenas que tais coisas não podiam ser pronunciadas no tempo da censura e não devem ser repetidas agora em consideração à Alemanha arruinada. Quando então foi lícito tentar uma explicação dos fatos ocorridos? Para mim, a história dos 12 últimos anos é a história patológica de um histérico. Não se deve esconder a verdade ao doente, pois quando um médico faz um diagnóstico, não é para molestar, humilhar ou injuriar o doente. A diagnose constitui uma parte essencial da compreensão médica na busca de um meio terapêutico. Uma neurose ou uma disposição neurótica não significam uma desonra, mas um empecilho e, muitas vezes, um modo peculiar de falar. Não se trata de uma doença mortal. Na verdade, ela se agrava justamente quando é ignorada. Ao dizer que os alemães estão psiquicamente doentes estou sendo mais benevolente do que se dissesse que são criminosos. Não gostaria de excitar a conhecida susceptibilidade do histérico, mas não podemos persistir na atitude de fuga ante o que é doloroso e esquecer tudo o que houve, pois isso de nada ajudaria a eliminar a doença. Tampouco é minha intenção desonrar o alemão mentalmente sadio e decente, atribuindo-lhe a covardia de evitar sua própria imagem. Ele deve ser honrado com a verdade e por isso não se deve ocultar que o nosso espírito se viu profundamente afetado pelo que aconteceu em seu país e pelo que os alemães infligiram à Europa. Estamos feridos e indignados, não sentimos nenhuma bondade ou amor em especial, pois essa realidade não reverte apenas com base na intenção e na força de vontade do "amor ao próximo" cristão. É por isso que, em consideração aos alemães decentes e mentalmente sadios, a verdade é preferível a um silêncio injurioso.

Tanto no caso de um indivíduo como no de um povo, a histeria 428
não pode ser tratada ocultando-se-lhe a verdade. Mas se pode dizer
que todo um povo seja histérico? Pode-se dizer tanto quanto no caso
do indivíduo. Na verdade, até o mais demente não é inteiramente demente. Muitas funções se mantêm em condições de funcionamento e
pode haver períodos em que o doente se mostre perfeitamente normal. Isso ocorre ainda mais no caso da histeria que se caracteriza, de
um lado, por exageros e desmesuras e, de outro, por debilidades e paralisias temporárias de funções que, em si, são normais! Apesar de
seu estado psicopata, o histérico é quase normal. É por isso que se
pode esperar que também grande parte do corpo psíquico de um
povo, em que se observa um estado histérico, seja normal.

Além das várias qualidades comuns a todos os seres humanos, o 429
alemão possui uma psicologia característica que o distingue dos demais povos vizinhos. Ele mesmo já havia demonstrado para todos
que se julga uma nação dominadora que deve se impor a todos e acima de qualquer medida de consideração. O alemão já qualificou outros povos de inferiores e chegou inclusive a exterminá-los em parte.

(Neste lugar desenvolvi na primeira edição deste artigo[2] algumas 429a
considerações sobre os boatos espalhados em torno da figura do pastor Niemöller. Omiti no presente esta passagem porque, segundo novas informações obtidas, as coisas não se passaram como apresentadas pela imprensa. Mesmo anteriormente, pareceu-me muito espantoso que o pastor, na qualidade de comandante de submarino, se tivesse colocado à disposição do governo e por isso comentei o fato
sob forma de interrogação dizendo: "Será possível que Niemöller tenha oferecido de forma voluntária e consciente sua mão e seu apoio
às manobras do governo? Espero sinceramente... que o boato não
seja verdadeiro". Na medida em que uma versão totalmente diversa e
digna de crédito me foi apresentada, suprimo nesta segunda edição
todas as considerações que fiz a esse respeito, pois não gostaria de caluniar algum inocente com boatos. Sei, por experiência própria, que

---

2. Cf. *Neue Schweizer Rundschau,* p. 81s. Ao leitor especificamente interessado indicamos também os tomos da correspondência (Org. Walter, Olten, 1972/1973). Os § 429a e 429b foram omitidos na edição anglo-americana.

poderes malignos participam da disseminação de boatos e por isso não gostaria de contribuir com declarações incontroladas e irresponsáveis. O pastor Niemöller tem dado provas na Alemanha atual de uma enorme força construtiva e moral diante da qual só nos resta desejar o maior êxito possível.

429b Aproveito esse contexto para mencionar que várias declarações que jamais fiz foram atribuídas a mim pela imprensa estrangeira. Minhas opiniões autênticas encontram-se expostas neste artigo. O que a imprensa afirma fora ou em torno dessas opiniões podem ser esquecidas e consideradas pelo leitor como uma grande mentira.)

430 Em vista dessas coisas terríveis, pouco significa, na verdade, aplicar o diagnóstico de inferioridade ao assassino e não ao assassinado. Com isso só fazemos ferir a todo alemão que sofreu com plena consciência sua miséria nacional. Ferir o outro é sempre ferir a si mesmo. Mas enquanto europeus e irmãos dos alemães nos sentimos feridos e por isso não os ferimos para atormentar e sim para caminhar no sentido da verdade. Da mesma forma que a culpa coletiva, o diagnóstico do estado mental diz respeito a todo o povo e ainda mais a toda a Europa que já há muito tempo sofre mentalmente. Seja agradável ou desagradável, devemos nos perguntar sobre o que vem acontecendo com a nossa arte que, sem dúvida, constitui o instrumento de registro mais refinado da mente de um povo. O que significa o predomínio do patológico na pintura? E o efeito tão amplo do abissal *Ulisses* etc.? Tudo isto já é na essência o que se concretizou politicamente na Alemanha. O europeu, o homem branco em geral, não se encontra absolutamente em condições de avaliar a disposição do próprio espírito porque está demasiado dentro dele. Sempre desejei contemplar o europeu, nem que fosse uma única vez, com outros olhos. Tive a sorte de consegui-lo através das relações tão estreitas que pude estabelecer com homens exóticos nas muitas viagens que realizei.

431 O homem branco é nervoso, apressado, intranquilo, instável e, do ponto de vista do homem exótico, possuído pelas ideias mais desvairadas sem prejuízo de seu talento e energia, o que o faz sentir-se superior. Os atos tão infames cometidos contra os povos exóticos são inumeráveis, o que, de modo algum, pode desculpar uma nova impostura assim como um indivíduo singular não é melhor por se encontrar numa sociedade pior. Os primitivos temem os eixos de visão

convergentes do europeu, sendo vistos como mau-olhado. Um chefe indígena pueblo exprimiu certa vez sua convicção de que todos os americanos, os únicos brancos que conhecia, eram loucos, e ao fundamentar sua impressão podia-se reconhecer imediatamente uma descrição de possessos. Isso não é de admirar, pois pela primeira vez desde tempos imemoriais conseguimos sorver toda a vitalidade original da natureza. Os deuses não só abandonaram sua morada celeste e planetária ou se transformaram em demônios ctônicos, mas seu exército, que no tempo de Paracelso ainda perambulava alegremente pelas montanhas, florestas e moradas humanas, também ficou reduzido, cientificamente, a um resto lamentável, que por fim desapareceu. Desde tempos imemoriais, a natureza teve uma alma. Pela primeira vez agora vivemos em uma natureza inanimada e secularizada. Ninguém pode negar o papel fundamental desempenhado pelas potências da alma humana, a que se chamou de "deuses", no passado. Um simples ato de explicação racional e não os fatores psíquicos que lhe correspondem como, por exemplo, a sugestibilidade, a falta de critério, a ansiedade, a tendência para superstição e preconceito, em suma, todas as qualidades conhecidas que possibilitam a possessão, tornou sem validade os espíritos da natureza. Se, por um lado, a natureza se inanimou, por outro, as condições psíquicas geradoras de demônios ficaram mais ativas do que nunca. Na verdade, os demônios não desapareceram, apenas modificaram sua fisionomia. Eles se transformaram em potências psíquicas inconscientes. Através dessa reabsorção, deu-se paulatinamente uma inflação crescente do eu que se tornou visível com bastante nitidez desde o século XVI. Por fim, começou-se a perceber a existência da psique e a se descobrir o inconsciente, o que, como a história pode nos mostrar, não foi um processo muito fácil. Acreditávamos ter acabado com todos os fantasmas, mas o que na verdade se constatou foi que eles não mais surgiam nas casas mal-assombradas e velhas ruínas, e sim nas cabeças de europeus aparentemente normais. Espraiaram-se ideias tirânicas, obsessivas, entusiásticas e alienantes e os homens passaram a crer nos maiores absurdos, à semelhança dos possessos.

O que acabamos de vivenciar na Alemanha nada mais é do que uma primeira manifestação de uma alienação mental generalizada, uma irrupção do inconsciente nos espaços de um mundo aparentemente bem ordenado. Todo um povo e mais ainda milhões de outros povos viram-se arrastados pelo delírio sangrento de uma guerra de aniquilação. Ninguém sabia como isso aconteceu, e muito menos os alemães! Como um rebanho hipnotizado, eles se deixaram arrastar para o matadouro pelas mãos de um líder psicopata. Trata-se de uma espécie de povo eleito, talvez pelo fato de os alemães terem resistido com menor intensidade ao perigo mental que pesava sobre os europeus. Em razão de seu talento e capacidade, eles poderiam ter sido justamente o povo a ter desenvolvido, sobretudo a partir do exemplo profético de Nietzsche, soluções redentoras. Nietzsche foi um alemão até a última fibra de seu ser, mesmo no simbolismo mais absurdo de sua loucura. Em sua debilidade psicopática, brincou com a "besta loura" e o "super-homem". Certamente não foram os elementos sadios do povo alemão que contribuíram para o êxito desse tipo de fantasia patológica, que superou tudo que existiu até então. A debilidade do povo alemão se mostrou propícia a tais fantasias histéricas em meio às quais Nietzsche não apenas criticou severamente o alemão "careta" como ofereceu à crítica as próprias costas. Nisso, a mente alemã deixou escapar uma preciosa oportunidade para se autoconhecer. O que não se poderia ter conhecido a partir da música sentimental e retumbante de Wagner!

433   Todavia o demônio (com a fundação do Reich em 1871) adiantou-se ao espírito alemão, seduzindo-o com a isca do poder, da posse material e do orgulho nacional e fazendo com que o povo imitasse e tomasse ao pé da letra os seus profetas sem, no entanto, compreendê-los. Desse modo, o alemão, ao invés de se ter ocupado da riqueza de suas potencialidades espirituais, deixou-se seduzir por esses enganos, pelas velhas tentações de Satã. Esqueceu seu cristianismo, vendeu o espírito à técnica, trocou a moral pelo cinismo e consagrou sua maior aspiração às forças de aniquilação. É bem verdade que todos fazem o mesmo. Entretanto, existem certos homens que não deveriam fazê-lo porque deveriam aspirar a riquezas superiores. Em todo caso, o povo alemão não pertence ao rol daqueles que podem usufruir impunemente do poder e das riquezas. Pensemos no que significa para os alemães o antissemitismo: a pretensão de exterminar no outro as suas próprias falhas. Já neste sintoma os alemães poderiam ter reconhecido seu erro irreparável.

Depois da última grande guerra, o mundo, e sobretudo a Alemanha que é propriamente a expressão da problemática europeia, deveria ter começado a pensar. O espírito, porém, transformou-se em falta de espírito, tendo-se desviado de suas questões decisivas e buscado soluções em sua própria negação. Como foi diverso no tempo da Reforma! Diante das deficiências do mundo cristão, o espírito alemão respondeu com o ato da Reforma: mal comparando, segundo a atração que os alemães sentem pelas antíteses, eles jogaram fora a criança junto com a água do banho. Mesmo assim, naquela ocasião, os alemães não fugiram à sua própria problemática. Tudo o que houve até o tempo de Goethe não precisa ser evocado. Goethe, no entanto, apresentou de modo profético o *Fausto* ao seu povo com o pacto com o diabo e o assassinato de Filêmon e Báucis. Quando Jacob Burckhardt[3] afirma que Fausto faz vibrar a alma alemã é porque Fausto já representa um eco da alma alemã. Em Nietzsche encontramos o eco do super-homem, do homem instintivo e amoral cujo deus está morto, do homem que se faz deus, ou melhor, demônio, para além do bem e do mal. Onde foram parar em Nietzsche a alma e o feminino? Helena desapareceu no Hades e Eurídice não volta mais. Aqui já se anuncia a fatídica transformação do Cristo negado: o profeta doente é o próprio crucificado e, ainda mais, é o próprio Dioniso Zagreu esquartejado. Pois o profeta enfurecido se refere a um tempo primitivo subterrâneo. Sua vivência vocacional é o caçador que silva, o deus dos bosques sussurrantes, do êxtase e de todos os guerreiros furibundos possuídos por espíritos bestiais.

Assim como Nietzsche respondeu ao cisma cristão com a arte do pensamento profético, seu irmão Richard Wagner respondeu com a arte do sentimento, a música. Tempos germânicos primitivos refloraram com êxtase e embriaguez para preencher a fenda aberta pela Igreja. Wagner se salva com o *Parsifal*, o que Nietzsche jamais perdoará, mas o castelo de Graal desaparece num país desconhecido. A mensagem não é ouvida e o augúrio desconsiderado. Apenas o orgi-

---

3. Cartas a Albert Brenner, p. 91s. *JAHRBUCH, Basler 1901*. Org. por Albert Burckhardt e Rudolf Wackernagel. 1901. Basileia [Briefe Jakob (sic) Burckhardts an Albert Brenner, mit Einleitung und Anmerkungen von Hans Brenner].

asmo contagia e se espraia como epidemia. O deus do êxtase, Wotan, tornou-se vitorioso. Jünger (em *Marmorklippen*) ouviu exatamente isto: o caçador selvagem chega à terra e juntamente com ele grassa uma epidemia de possessões maior que tudo que a Idade Média já produziu neste campo. Em nenhum lugar do mundo o espírito europeu falou de modo mais claro do que na Alemanha e, em nenhum lugar, foi mais tragicamente incompreendido.

436   A Alemanha sofreu as consequências inevitáveis do pacto com o demônio, experimentou a demência, encontra-se esquartejada como Zagreu, profanada pelos guerreiros furibundos de Wotan, enganada pelo ouro e pelo domínio do mundo, e marcada pelo esconjuro do abismo mais profundo.

437   O alemão deve compreender a indignação do mundo. Dele esperou-se algo tão diferente! Todos reconhecem seu talento e eficiência e ninguém jamais duvidou de sua capacidade para realizar coisas grandiosas. Tanto maior a decepção. Contudo, o europeu não deve se deixar enganar pelo destino alemão e acreditar que todo o mal vem da Alemanha. Ao contrário, deve conscientizar-se plenamente de que a catástrofe alemã consiste numa crise da doença europeia: bem antes da era de Hitler, e mesmo da Primeira Guerra Mundial, apareceram os primeiros sintomas da transformação espiritual da Europa. A imagem medieval do mundo se desfizera, fazendo com que a autoridade metafísica predominante neste mundo desaparecesse para surgir novamente o homem. Nietzsche predisse que Deus estava morto e que sua herança haveria de ser substituída pelo super-homem, por aquele saltimbanco louco e fatal. É uma lei psicológica imutável: toda projeção caduca retorna às suas origens. Portanto, se ocorre a alguém a estranha ideia de que Deus está morto ou não existe, a imagem psíquica de Deus, que representa uma determinada estrutura dinâmica e psíquica, retorna ao sujeito, produzindo uma "semelhança com Deus", isto é, produzindo todas as qualidades próprias só ao homem louco e que por isso conduzem à catástrofe.

438   O grande problema no âmbito de toda a cristandade é o seguinte: Onde está a autoridade do bem e do direito que até agora se achava ancorada na metafísica? Será que realmente o que decide sobre as coisas não passa de um poder brutal? Será apenas a vontade de um homem que dispõe do poder a última instância de decisão? Talvez se

pudesse ter acreditado em algo dessa natureza se a Alemanha tivesse sido vitoriosa. Mas como o reino milenar do poder e da injustiça durou poucos anos até a sua derrocada definitiva, podemos concluir o seguinte: nenhuma árvore é capaz de crescer até o céu; outros poderes também estão operando, ao menos para destruir a violência e a injustiça; e, portanto, não vale a pena edificar sobre princípios falsos. Infelizmente a história do mundo não consegue sempre proceder de maneira tão racional.

A "semelhança com Deus" não eleva o homem até ao divino. Ao contrário, apenas o lança na arrogância e na maldade, produzindo uma máscara humana infernal, insuportável a todo ser humano. O homem se sente atormentado por essa máscara e por isso atormenta os demais. Ele se vê dividido dentro de si mesmo como uma mistura de contradições inexplicáveis. Esse é o quadro do estado mental de um histérico ou do "pálido criminoso", para nos valermos de uma expressão de Nietzsche. O destino obrigou os alemães a se confrontarem com os pares internos de opostos. Mefistófeles é o outro lado de Fausto e não pode mais dizer: "Isso era, pois, a essência do cão", mas teve que confessar: "Isso é o meu outro lado, meu alter ego, minha sombra infelizmente demasiado real e inegável". 439

Todavia este não é apenas o destino alemão. É também o destino europeu. Todos nós podemos identificar esta sombra de que emerge o homem de nosso tempo. Não precisamos atribuir a máscara do demônio ao alemão. Os fatos falam uma linguagem bem mais clara e quem não pode compreendê-la não pode ser ajudado. O que fazer com essa visão pavorosa é algo que cada um deve descobrir por si mesmo. Na verdade pouco se ganha em perder de vista a própria sombra ao passo que o conhecimento da culpa e do mal que habitam em cada um traz muitas vantagens. A consciência da culpa oferece condições para a transformação e melhoria das coisas. Como se sabe, aquilo que permanece no inconsciente jamais se modifica e as correções psicológicas são apenas possíveis no nível da consciência. A consciência da culpa pode, portanto, converter-se no mais poderoso movente moral. As sombras devem ser encontradas em todo tratamento de neurose, pois, do contrário, nada pode se alterar (o que não é nenhuma novidade!). Nessa perspectiva, confio que as partes que permanecerem sadias no corpo alemão haverão de encontrar so- 440 luções para os fatos. Sem culpa não pode haver maturação psíquica nem tampouco ampliação do horizonte espiritual. O que dizia Mestre Eckhart? "Por isso, Deus tantas vezes cobriu com a miséria do pecado justamente aqueles homens por ele destinados a grandes coisas. Vê: A quem o Senhor mais queria bem e com quem tinha mais intimidade do que com os apóstolos? E não houve um só que não tivesse caído; todos foram pecadores"[4].

441 Onde a culpa é grande, a graça pode também ser imensa. Semelhante fato produz uma transformação interior infinitamente mais importante do que as reformas políticas e sociais que, na verdade, de nada valem nas mãos de homens injustos. Sempre nos esquecemos disso porque olhamos com fascínio para as circunstâncias que nos rodeiam em lugar de examinar nosso coração e nossa consciência. Todo demagogo se aproveita dessa fraqueza humana e denuncia, alto e bom som, o descaminho das circunstâncias exteriores. No entanto, o que em última instância não caminha bem é o homem.

442 O alemão possui hoje a chance única de voltar seu olhar para o interior do homem apesar das dificuldades de sua vida exterior. Desse modo, poderia reparar o pecado da omissão que marca toda a nossa cultura: fez-se tudo visando ao exterior. O refinamento da ciência alcançou um grau inimaginável; a técnica expandiu-se para o incomensurável. Mas o homem, que deve utilizar de maneira racional todas essas maravilhas, foi inteiramente esquecido. Não se dá nem conta de que ele não está ajustado moral ou psicologicamente a essas transformações, agindo de forma ingênua à semelhança de um negro que se encanta com esses brinquedos perigosos, sem suspeitar as sombras que, atrás dele, espreitam a oportunidade de agarrar os brinquedos com mãos ávidas e transformá-los em armas contra homens imaturos e infantis. Quem foi capaz de experimentar esse desamparo, esse abandono diante do poder sinistro, de modo mais direto do que o alemão que caiu nas garras dos alemães?

443 A aceitação consciente da culpa coletiva seria um grande passo para frente. No entanto, isso ainda não significa uma cura assim como o neurótico não se cura através da simples compreensão. Ainda

---

4. *Meister Eckhardts Schriften und Predigten*. Vol. II, p. 22.

é preciso responder às perguntas: De que maneira eu convivo com essas sombras? Que atitude é necessária para se viver apesar do mal? Para se encontrar respostas adequadas a essas perguntas faz-se necessária uma renovação mental abrangente que não pode provir de alguém especial, devendo ser conquistada por cada um. Também as velhas fórmulas que um dia tiveram validade não podem ser aplicadas irrefletidamente, pois as verdades eternas não podem ser transmitidas mecanicamente. Elas precisam ser geradas novamente em cada época pela alma humana.

XII

A luta com as sombras*

444   Os acontecimentos indescritíveis que caracterizaram a última década trouxeram consigo a suspeita de que possivelmente a sua causa estaria ligada a um distúrbio psicológico especial. Decerto, ao se buscar a opinião de um psiquiatra a esse respeito apenas se poderá contar com uma resposta calcada em sua perspectiva específica. Pois, enquanto cientista, o psiquiatra não tem a pretensão de saber tudo. A sua opinião pode, no máximo, servir de contribuição à complexa tarefa de encontrar uma explicação vasta e abrangente.

445   Não é muito fácil apresentar o ponto de vista da psicopatologia, pois é necessário levar em consideração que, muitas vezes, o público desconhece esse campo tão difícil e especializado. No entanto, uma regra bem simples deve ser sempre lembrada: a psicopatologia de massa tem suas raízes na psicopatologia individual. Fenômenos psíquicos desse porte podem ser investigados no indivíduo. E somente quando se consegue constatar que certas formas de manifestação ou sintomas constituem o somatório de diferentes indivíduos é que se pode dar início a uma investigação dos fenômenos de massa correspondentes.

446   Como os senhores provavelmente sabem, minha investigação compreende a psicologia da consciência, a do inconsciente e a pes-

---

* Conferência realizada no terceiro programa da British Broadcasting Corporation, 3 de novembro de 1946. Publicada pela primeira vez em *The Listener*, XXXVI/930, 1946, p. 615s. Londres; reproduzida como introdução aos *Ensaios sobre história contemporânea* (Londres: [s.e.], 1947); posteriormente sob o título "Individual and Mass Psychology", em *Chimera* V/3, 1947, p. 3-11. Nova York/Princeton. Revisada para as Collected Works, traduzida e publicada aqui pela primeira vez.

quisa dos sonhos. Os sonhos são os produtos naturais da atividade psíquica inconsciente. Já há bastante tempo sabemos que existe uma relação biológica entre os processos inconscientes e a atividade do entendimento consciente. Essa relação pode ser descrita da melhor forma possível como uma compensação, o que significa que falta alguma coisa na consciência, ou em outras palavras, o exagero, a unilateralidade ou queda de uma função se vê compensada por um processo inconsciente correspondente.

Já em 1918, pude verificar no inconsciente de alguns pacientes alemães certos distúrbios que não podiam ser atribuídos à sua psicologia pessoal. Tais fenômenos impessoais manifestavam-se sempre nos sonhos através de motivos mitológicos, como é também o caso nas lendas e contos de todas as partes do mundo. Denominei esses motivos mitológicos de *arquétipos*, que são os modos ou formas típicas em que esses fenômenos coletivos são vivenciados. Em cada um de meus pacientes alemães pude constatar um distúrbio do inconsciente coletivo. É possível explicar essas derivações pela causalidade, mas a explicação causal não satisfaz, pois compreendemos os arquétipos mais facilmente a partir de suas finalidades do que propriamente de suas causas. Os arquétipos que pude observar exprimiam primitividade, violência e crueldade. Como vi tais casos em demasia, concentrei minha atenção no curioso estado mental que predominava então na Alemanha. Entretanto, só consegui distinguir sinais de depressão e grande agitação que, na verdade, não emplacaram minhas inquietações. Num artigo publicado nessa ocasião, exprimi minha suspeita de que a *blonde Bestie* (a besta loura) movimentava-se num sono intranquilo e uma irrupção não era de modo algum impossível[1].

Essa conjuntura de fatos não era apenas uma manifestação teutônica, como se viu nos anos seguintes. O ataque tempestuoso de forças arcaicas foi quase universal. A principal diferença residia na própria mentalidade alemã que, em razão de sua extraordinária tendência para a massificação, mostrou-se mais propícia. Ademais, a derrota e a calamidade social fortaleceram o instinto gregário na Alemanha, aumentando a probabilidade de vir a ser a primeira vítima dentre as na-

---

1. Cf. capítulo "Sobre o inconsciente", § 17 do presente volume.

ções ocidentais – vítima de um movimento de massa, desencadeado pela insurreição de forças adormecidas no inconsciente, dispostas a romper o conjunto de limites morais. Em geral, essas forças podem ser entendidas como compensação. Quando essa espécie de movimento compensatório do inconsciente não consegue ser absorvido pela consciência individual, pode gerar uma neurose ou até uma psicose, e o mesmo vale para o coletivo. É evidente que para se produzir um movimento compensatório desse tipo é preciso que algo esteja fora de ordem na atitude consciente; algo deve estar invertido ou fora de proporções, pois somente uma consciência desequilibrada pode provocar um movimento contrário no inconsciente. Como os senhores bem sabem, inúmeras coisas não estavam em ordem naquela época e as opiniões a esse respeito eram extremamente confusas. Na verdade, a opinião correta só pode ser avaliada *ex effectu*, ou seja, só podemos verificar as faltas na consciência de nossa época, observando o tipo de reação provocada no inconsciente.

449   Como já mencionei aos senhores, a maré de primitividade, violência, em suma, a expressão de todos os poderes obscuros que havia crescido após a Primeira Guerra Mundial, anunciava-se nos sonhos individuais na forma de símbolos coletivos e mitológicos. No momento em que esses símbolos aparecem num grande número de indivíduos e não são assimilados, eles começam a unir com força magnética os indivíduos isolados. Assim tem origem uma massa. Rapidamente surgirá o líder no coração daquele que possuir a menor força de resistência, a menor consciência de responsabilidade e que, devido à sua inferioridade, demonstrar a mais forte vontade de poder. Libertará das correntes tudo o que está em estado de irrupção e a massa o seguirá com a força arcaica e incontrolável de uma avalancha.

450   Já havia observado a revolução alemã, por assim dizer, no tubo de ensaio do indivíduo, o que me deu consciência do imenso perigo que a concentração em massa desse tipo de pessoas representava. Naquela ocasião, porém, ainda não sabia se o seu número seria suficiente para tornar inevitável essa irrupção. Tinha oportunidade de seguir de perto um grande número de casos e, desse modo, verificar no tubo de ensaio do indivíduo como se desencadeava a tempestade dessas forças obscuras. Pude observar como as forças rompiam os limites morais, o autocontrole intelectual do indivíduo e inundavam o mun-

do consciente. Frequentemente isso implica um sofrimento e destruição pavorosos. Por outro lado, caso o indivíduo seja capaz de se agarrar a um último resto de consciência ou de preservar os vínculos de relacionamento humano pode surgir no inconsciente, justamente através da confusão do entendimento consciente, uma nova compensação que possivelmente será integrada pela consciência. Apareceriam novos símbolos de natureza coletiva que refletiriam agora forças de ordenamento. Medida, proporção e ordenamento simétrico encontram-se nesses símbolos em sua estrutura singularmente matemática e geométrica. Representam uma espécie de eixo e são conhecidos como *mandalas*. Infelizmente fugiria ao nosso escopo uma análise mais detalhada dessa questão. Contudo, mesmo que soem de certo modo incompreensíveis, gostaria de mencioná-las, pois as mandalas representam um horizonte de esperança tão necessário nesse tempo de desordem e extermínio.

O caos e a desordem do mundo refletem-se de modo análogo na mente do indivíduo, mas essa falta de orientação é compensada no inconsciente pelos arquétipos da ordem. Devo mais uma vez repetir que, caso esses símbolos da ordem não sejam absorvidos pela consciência, as forças por eles expressas acumulam-se de modo perigoso, como foi o caso há 25 anos com as forças de destruição e do caos. A integração de conteúdos inconscientes consiste num ato individual de realização, compreensão e valoração moral. Trata-se de uma tarefa extremamente difícil que exige um alto grau de responsabilidade ética. Somente de poucos indivíduos pode-se esperar a capacidade para um tal desempenho, e esses não são absolutamente os líderes políticos mas os líderes morais da humanidade. A preservação e o desenvolvimento da civilização dependem desses homens singulares, sobretudo se considerarmos que, desde a Primeira Guerra Mundial, ficou evidente o não progresso da consciência da massa. Decerto, a reflexão de espíritos capazes se enriqueceu e seu horizonte moral e intelectual se ampliou e progrediu ao adquirir consciência do poder monstruoso do mal e da possibilidade do ser humano de se tornar um joguete em suas mãos. Todavia, o homem mediano encontra-se na mesma situação em que se encontrava quando a Primeira Guerra terminou. Ficou bastante claro que a grande maioria é incapaz de integrar as forças da ordem. Ao contrário, parece até provável que essas forças assaltem a consciência de maneira inadvertida e se lancem violentamente contra a nossa vontade. Constatamos os seus primeiros indícios por toda parte: totalitarismo e escravidão ao Estado. O valor e a importância dos indivíduos decrescem rapidamente e, cada vez mais, desaparecem as perspectivas de serem ouvidos.

452   Esse processo tende a se agravar durante um longo tempo de modo muito doloroso, e temo que isso seja inevitável. Com o tempo, porém, mostrar-se-á um caminho em que o inconsciente miserável do homem, a sua infantilidade e fraqueza individual poderão ser substituídos por um homem futuro, que sabe que ele mesmo é o torneador de seu destino e que o Estado é seu servidor e não o seu senhor. Todavia, o homem só conseguirá alcançar esse estágio se tiver bem claro em sua mente que perdeu os direitos humanos fundamentais por sua inconsciência. A Alemanha nos forneceu um exemplo rico em ensinamentos acerca do desenvolvimento psicológico que corresponde a essa perda. A Primeira Guerra Mundial desencadeou ali o poder oculto do mal assim como a própria guerra foi liberada pelo acúmulo de massas inconscientes e por sua cupidez cega. O chamado "rei da paz" foi uma das primeiras vítimas que, da mesma forma que Hitler, exprime essa ambição desmesurada e caótica que leva fatalmente à guerra e à catástrofe. A Segunda Guerra Mundial foi uma repetição do mesmo processo psíquico, embora numa escala incomparavelmente maior.

453   Como já observei, a irrupção de instintos de massa foi sintoma de um movimento compensatório do inconsciente. Um movimento dessa ordem foi possível devido à alienação do estado de consciência do povo com relação às leis naturais da existência humana. Em consequência da industrialização, amplos círculos da população viram-se desenraizados e aglomerados nos grandes centros. Essa nova forma de existência, caracterizada pela psicologia de massa e pela dependência social dos fatores de oscilação do mercado e dos salários, gerou um indivíduo instável, inseguro e facilmente influenciável. Para ele, a sua vida dependia dos chefes de empresa e dos capitães da indústria, na pressuposição – correta ou não – de que estes, por sua vez, estavam guiados sobretudo pelos interesses financeiros. Sabia que poderia se transformar, a qualquer momento, em vítima das mudanças econômicas sobre as quais não tinha o menor controle, apesar de

seu trabalho consciencioso ou bom desempenho. Não tinha em que se apoiar. O sistema moral e a política educacional predominantes na Alemanha serviram para tornar seus cidadãos submissos ao máximo, instaurando a crença de que todo desejo deve vir de cima, daquele que possui a força divina de decisão, exigindo-lhes uma obediência absurda, na medida em que seus sentimentos de responsabilidade pessoal eram regidos por uma compreensão obstinada do dever. Não é de admirar, portanto, que justamente a Alemanha tenha sido a grande vítima da psicologia de massa, embora não seja, de modo algum, a única nação a sofrer a ameaça desta doença tão perigosa. A influência da psicologia de massa é extraordinariamente ampla.

A impressão de fraqueza do indivíduo e até mesmo de sua inexistência foi compensada pelo desencadeamento de forças até então desconhecidas. Tratava-se da rebelião dos bastardos, da ganância insaciável de quem nada possui. É por meio desses descaminhos que o inconsciente força o homem a adquirir consciência de si mesmo. Lamentavelmente, no inconsciente do indivíduo não existiam valores capazes de propiciar uma reação a fim de entender e integrar o inconsciente no momento em que alcançasse a consciência. Mesmo as mais elevadas autoridades espirituais pregaram apenas o materialismo. As Igrejas não estavam visivelmente em condições de assimilar a nova situação; nada lhes restava a não ser protestar, o que não serviu de muita ajuda. Assim eclodiu a avalancha que deu origem ao Führer que se transformou, inesperadamente, no instrumento de derrocada da nação. Mas teria sido essa a sua intenção originária? Ele sonhava com uma "nova ordem". Cometeríamos um grave erro, supondo que ele não tivesse de fato em mente a criação de uma nova ordem internacional de qualquer espécie. Ao contrário, bem no fundo de seu ser, estava motivado pelas forças da ordem, as quais se tornaram ativas no momento em que a cobiça e a avidez se apoderaram por completo de sua consciência. Hitler foi o expoente da "nova ordem" e essa constitui a verdadeira razão capaz de explicar por que todo alemão se deixou envolver por esse homem. Os alemães almejavam a ordem, mas cometeram o erro fatídico de escolher para seu Führer a principal vítima da desordem e da ambição descontrolada. A atitude individual do alemão permaneceu imutável: do mesmo modo que cobiçava o poder, ressentia-se de ordem. Como o mundo não os compreendia, Hitler simbolizava ainda mais

454

algo em cada indivíduo. Era a corporificação mais surpreendente de todas as inferioridades humanas. Era uma personalidade inteiramente psicopática, incapaz, desajustada e irresponsável, cheia de fantasias ocas e pueris, embora dotada do faro excepcional de um rato e marcada por uma sina. Ele representava as sombras e a parte inferior de toda personalidade num grau extremo, o que constituiu mais uma razão para que as pessoas se deixassem envolver.

455   O que deveriam ter feito os alemães? Todo alemão poderia ter reconhecido em Hitler as suas próprias sombras e percebido o terrível perigo que representava. Cada um de nós poderia ter tomado consciência de sua própria sombra e ter-se encontrado com ela. Como então esperar que os alemães tivessem compreendido tudo isso se ninguém no mundo consegue compreender uma verdade tão simples? O mundo jamais alcançará um estado de ordem sem reconhecer essa verdade. Entretanto, perderíamos nosso tempo aduzindo todas as razões externas e secundárias possíveis para justificar por que esse estado não pôde ser alcançado, embora soubéssemos suficientemente que as condições para isso dependiam em larga escala de nossa capacidade de compreensão. Se, por exemplo, os suíços franceses passassem a considerar os suíços alemães uns demônios, em pouco tempo poder-se-ia prever na Suíça a maior guerra civil e não faltariam razões econômicas convincentes para explicar por que essa guerra era inevitável. Só não o fazemos porque há mais de cem anos recebemos a nossa lição. Chegamos à conclusão de que é melhor evitar guerras externas. Voltamos para casa, trazendo conosco a contenda. Construímos, na Suíça, uma "democracia completa" em que nossos instintos guerreiros são gastos na forma de desavenças caseiras que chamamos de "vida política". Lutamos entre nós dentro dos limites da lei e da constituição e temos a tendência de supor que a democracia seja um estado crônico de uma guerra civil amaciada. Estamos bem longe de uma paz interna: ao contrário, sentimos ódio e lutamos uns contra os outros porque voltamos a guerra para dentro. Nossa conduta pacífica em relação ao exterior apenas serve para afastar de nossas lutas internas influências intrusas que poderiam nos perturbar. Conseguimos isso em larga escala, mas estamos bem distantes do fim último, ou seja, da paz. Temos inimigos de carne e osso e ainda não conseguimos introverter nossas discordâncias políticas.

Ainda padecemos do delírio doentio de que devemos proceder pacificamente. Entretanto, nosso estado de guerra nacional reduzido cessaria no momento em que cada um percebesse suas próprias sombras e pudesse assumir a própria luta dentro de si, luta na verdade digna de todo valor contra a força extremamente poderosa das sombras. Na Suíça, gozamos de uma ordem social suportável porque lutamos entre nós. Nossa ordem seria realmente completa se cada um voltasse sua agressividade para dentro de si, de sua própria psique. Infelizmente nossa educação religiosa com suas falsas promessas de paz interior impede essa plena realização. A paz poderá voltar, mas somente quando a derrota e a vitória perderem sua importância. O que dizia Cristo com as palavras: "Não vim trazer a paz, mas a espada"? (Mt 10,34).

Na medida em que somos capazes de instalar uma verdadeira democracia – a luta de uns com os outros dentro de certas condições individuais e coletivas – colocamos em prática, isto é, tornamos reais certos fatores de ordem, pois para isso é imprescindível viver em relações ordeiras. Numa democracia não se pode absolutamente permitir as complicações perturbadoras de um ataque externo. Como é possível viver simultaneamente uma guerra civil e um ataque externo? Se o estado interno é de séria desunião, os outros serão considerados bem-vindos enquanto possíveis simpatizantes da própria causa e daí a tendência de recebê-los de modo amigável e hospitaleiro. Em contrapartida, evitam-se cortesmente as pessoas que querem ajudar e diminuir as preocupações. Nós psicólogos aprendemos através de uma longa e árdua experiência que se eliminam os melhores recursos de uma pessoa quando se tenta ajudá-la e libertá-la de seus complexos. A única ajuda eficaz é fazer com que a pessoa se dê conta dos complexos e permitir o surgimento de um conflito consciente. Dessa maneira, o complexo se torna o ponto central da vida. Tudo o que desaparece do próprio inventário psicológico ressurge nas formas de um vizinho hostil que provoca irritação e agressividade. É muito melhor adquirir consciência de que esse inimigo rancoroso mora dentro do próprio coração. Não se pode apagar os instintos bélicos do homem e por isso não se pode imaginar um estado de paz perfeita. Ademais toda guerra é um sinistro, pois sempre gera outra guerra. Uma verdadeira democracia é, na verdade, uma instituição altamente psicológica que leva em conta a natureza humana, oferecendo espaços para as necessidades de conflito dentro dos limites da própria nação.

457 Se os senhores compararem o estado atual do espírito alemão com a minha exposição, certamente haverão de compreender o alcance gigantesco da tarefa que se impõe agora para o mundo. Quase não se pode esperar dos alemães desmoralizados que considerem a importância dessas verdades psicológicas, por mais simples que sejam. As grandes democracias do Ocidente, porém, têm chances maiores se criarem condições de evitar as guerras que sempre as levam a acreditar em inimigos externos e no ideal de uma paz interna. A pronunciada tendência das democracias ocidentais para conflitos internos é justamente o que poderia colocá-las num caminho mais rico de esperança. Temo, no entanto, que essa esperança seja mais uma vez adiada em razão das forças que sempre arrastam o homem para o processo contrário, para a destruição do indivíduo e o predomínio da ficção que chamamos de estado. Para o psicólogo, o indivíduo é o único sujeito do espírito da vida. Sociedade e Estado valem o que vale a saúde espiritual dos indivíduos, pois são instâncias que se compõem de indivíduos e de seu modo de organização. Embora esse fato seja bastante evidente, não conseguiu penetrar de modo mais consistente na concepção coletivista de modo a evitar que as pessoas empreguem a palavra "Estado" como se se tratasse de uma espécie de superindivíduo equipado de um poder e riqueza inesgotáveis. Hoje espera-se que o Estado realize aquilo que o indivíduo não pode realizar. Esse pensamento constitui, porém, o início do plano inclinado que faz com que se desça para uma psicologia de massa em que, nos conceitos de organizações superpoderosas e de grandes números, o indivíduo desaparece como simples cifra. Tudo o que ultrapassa uma certa medida humana desperta no inconsciente do homem poderes igualmente desumanos. Demônios totalitários são invocados, ao invés de amadurecer a consciência de que a única coisa que realmente pode ser colocada em prática é um pequeno progresso na natureza ética do indivíduo. O poder destrutivo de nossas armas é desmesurado, o que impõe à humanidade uma questão de ordem psicológica: Será que as condições morais e espirituais do homem se encontram suficientemente maduras para gerir o uso dessas armas e enfrentar a monstruosidade das consequências possíveis?

XIII
Posfácio a "Ensaios sobre História Contemporânea"[*]

A Alemanha apresentou ao mundo um problema crucial que deve ser observado em seus diversos ângulos. O aspecto psicológico constitui, na verdade, apenas uma faceta. Enquanto psicólogo, tenho a tendência de lhe atribuir uma grande importância, embora prefira deixar ao leitor a responsabilidade de um julgamento próprio. Em minha ocupação profissional com a psicologia do inconsciente, pude me deparar frequentemente com coisas que, apesar de ainda veladas para a consciência cotidiana, encontravam-se embrionariamente prontas para irromper na consciência muito antes do indivíduo pressentir o que lhe reservava o seu futuro psicológico. Assim, como tive muitos pacientes alemães, pude tecer uma ideia do que estava em preparação no inconsciente daquela época. Foi por isso que escrevi já em 1918: "Quanto mais se perde a autoridade incondicional da cosmovisão cristã, mais se torna perceptível a libertação da 'besta loura' de sua prisão subterrânea e a ameaça de uma explosão cujas consequências serão avassaladoras"[1].

Não é preciso um Édipo para adivinhar o significado da "besta loura". A meu ver, essa "besta loura" não se restringe apenas aos ale-

---
[*] Zurique, 1946. Cf. tb. nota do título do cap. IX deste volume.
1. Sobre o inconsciente [capítulo I deste volume, § 17].

mães, incluindo igualmente tudo o que existe de primitivo no homem europeu e que, pouco a pouco, começa a predominar com a massificação crescente. Assim escrevi no mesmo artigo: "Também aquela desconfiança do primitivo diante da tribo vizinha, que acreditávamos ter superado com as organizações instituídas por toda a terra, ressurgiu nesta guerra[2] numa proporção gigantesca. Contudo não se trata apenas do incêndio de uma aldeia vizinha nem tampouco de algumas cabeças 'cortadas', mas da devastação de países inteiros e da morte de milhares de pessoas. Não se consegue perceber nada de bom nas nações inimigas e os próprios erros são projetados para os outros num aumento fantástico. Onde estão hoje as cabeças pensantes? Se existem realmente, ninguém as ouve: o que sobretudo vemos é o predomínio de um corre-corre desorientado, a fatalidade de uma violência universal que se apresenta como destino ante o qual o indivíduo já não é mais capaz de se defender. E como a nação se reúne em torno de um indivíduo expoente, esse fenômeno de ordem geral atinge igualmente o indivíduo. É também por isso que o indivíduo deve se empenhar em descobrir a maneira de lidar com o mal. Segundo nossa atitude racionalista, acreditamos poder alcançar alguma coisa através das organizações, leis, constituições e demais instrumentos bem-intencionados. Na realidade, porém, uma renovação no espírito das nações só poderá ser alcançada por meio da transformação na compreensão do indivíduo. A renovação tem início no indivíduo. Vários teólogos e filantropos, cheios de bons propósitos, pretendem minar o princípio do poder, mas nos outros. Entretanto, o princípio do poder deve ser minado primeiramente dentro da própria pessoa. Apenas assim essa tentativa pode ser digna de crédito".

460   Ainda durante a Primeira Guerra Mundial escrevi um artigo inicialmente publicado em língua francesa e só depois publicado na Alemanha com algumas ampliações[3]. Tratei, dentre outros temas, da psicologia de massa e disse o seguinte: "É um fato digno de nota que a moralidade da sociedade, como conjunto, está na razão inversa do seu tamanho; quanto maior for o agregado de indivíduos, tanto

---

2. Trata-se da Primeira Guerra Mundial [cit. § 45s.].
3. *O eu e o inconsciente* [OC, 7/2; § 240].

maior será a obliteração dos fatores individuais e, portanto, da moralidade, uma vez que esta se baseia no sentido moral do indivíduo e na liberdade imprescindível para isso. Por conseguinte, todo indivíduo é, inconscientemente, pior em sociedade do que quando atua por si só. O motivo é que a sociedade o arrasta e na mesma medida o torna isento de sua responsabilidade individual. Um grupo numeroso de pessoas, ainda que composto de indivíduos admiráveis, revela a inteligência e moralidade de um animal pesado, estúpido e predisposto à violência. Quanto maior a organização, mais duvidosa é sua moralidade e mais cega sua estupidez. (*Senatus bestia, senatores boni viri* – O Senado é uma besta, os senadores são '*gentlemen*'). A sociedade, acentuando automaticamente as qualidades coletivas de seus indivíduos representativos, premia a mediocridade e tudo que se dispõe a vegetar num caminho fácil e irresponsável. É inevitável que todo elemento individual seja encostado na parede". – "Sem liberdade não pode haver moralidade. A admiração que sentimos diante das grandes organizações vacila, quando nos inteiramos do outro lado de tais maravilhas: o tremendo acúmulo e intensificação de tudo o que é primitivo no homem, além da inconfessável destruição de sua individualidade, em proveito do monstro disfarçado que é toda grande organização. O homem de hoje, que se volta para o ideal coletivo, faz de seu coração um antro de criminosos. Isto pode ser facilmente verificado pela análise de seu inconsciente, ainda que este não o perturbe. Se a 'adaptação'[4] ao seu ambiente é normal, nem mesmo a maior infâmia de seu grupo o perturbará, contanto que a maioria dos companheiros esteja convencida da alta moralidade de sua organização social"[5].

Já naquela ocasião exprimi, de passagem, no mesmo artigo uma verdade muito simples: "... mesmo no melhor e precisamente no melhor existe o germe do mal. E nada é tão mau que não possa produzir um bem"[6]. Faço questão de salientar esta frase, pois ela me parece uma medida de cautela necessária para a avaliação de qualquer manifestação do inconsciente. Os conteúdos do inconsciente coletivo, os

---

4. Cf. ajustamento e adequação. In: JUNG, C.G. *Tipos psicológicos* [OC, 6; § 630].
5. *O eu e o inconsciente* [OC, 7/2; § 240].
6. Ibid. [OC, 7/2; § 289].

arquétipos, que se referem aos fenômenos psíquicos de massa são sempre bipolares, isto é, possuem ao mesmo tempo um lado positivo e um negativo. Como todo emergir de um arquétipo sempre representa uma situação crítica, não se pode prever com segurança a direção que o caminho haverá de tomar. Via de regra, ela depende de como a consciência se comporta diante desse acontecimento. Na manifestação coletiva de arquétipos, o grande perigo reside no movimento de massa que só não culminará numa catástrofe se a maioria dos indivíduos conseguir amortecer os efeitos dos arquétipos ou se um certo número de pessoas conseguir ser ouvido.

462 Em fevereiro de 1933, pronunciei algumas conferências em Colônia e em Essen, na Alemanha. Disse então: "A consequência da pronunciada tendência individualista resultante de nosso desenvolvimento mais recente consiste no surgimento cada vez maior de um *contra-ataque compensatório do homem coletivo* cuja autoridade se impõe de antemão pelo peso da massa humana. Por isso não é de admirar que predomine hoje um tom de catástrofe como se uma avalancha viesse rolando e ninguém fosse capaz de contê-la. O homem coletivo ameaça sufocar o indivíduo sobre cuja responsabilidade repousa, em última instância, toda obra humana. A massa como tal é sempre anônima e irresponsável. Os chamados líderes (Führer) são os sintomas inevitáveis de um movimento de massa. Os verdadeiros líderes ou guias da humanidade são, ao contrário, aqueles que refletem sobre si mesmos e diminuem o peso da massa através de seu próprio peso, na medida em que se mantêm conscientemente afastados da determinação cega das massas em movimento. Entretanto, quem é capaz de opor resistência a essa força de atração tão poderosa que arrasta tudo e todos? Apenas aquele que habitar verdadeiramente seu mundo interior. Pequena e escondida é a porta que conduz para o interior de cada um; inumeráveis são os preconceitos, as pressuposições, as opiniões e os temores que impedem o acesso. Em contrapartida, ouvem-se de bom grado os grandes programas políticos e econômicos em torno daquelas coisas que sempre levaram os povos à ruína. É por isso certamente que soa tão grotesco falar de portas, sonhos e mundo interior. Quem quer saber de um idealismo tão vaporoso diante de um programa econômico gigantesco e dos chamados problemas da realidade? Não falo para nações, mas para indivíduos,

para alguns poucos que sabem que nossas realidades culturais não caem do céu, consistindo em realizações de homens individuais. Se tudo está indo mal é porque o indivíduo vai mal, é porque eu estou mal. Assim tentarei, ao menos uma vez, agir racionalmente e caminhar em linha reta. Para isso, ao tomar consciência de que a autoridade não me diz mais nada, necessito de um saber e de um conhecimento acerca dos fundamentos mais autênticos e interiores de minha essência subjetiva de modo a estabelecer meu próprio fundamento sobre os dados eternos da alma humana"[7].

Fui acusado de não "ter dito antes" o que agora critico em relação à Alemanha. Sentiria muita alegria se meus críticos conseguissem me provar que eles próprios pronunciaram publicamente em 1933 algo semelhante ou com maior clareza. Minhas conferências eram públicas e assistidas por centenas de pessoas. Tudo foi dito, portanto, no tempo certo, em alto e bom som. 462a

Em 1937, afirmei ao longo das Conferências de Terry[8], proferidas na Universidade de Yale, que "nunca podemos ter certeza de que uma ideia nova nos dominou a nós ou a nosso vizinho. Tanto a história contemporânea quanto a antiga nos ensina serem tais ideias, muitas vezes tão estranhas e extravagantes, que, dificilmente a razão as aceita. O fascínio que costuma acompanhar esse gênero de ideia provoca uma obsessão fanática. Esta, por sua vez, faz com que todos os dissidentes – ainda que bem-intencionados ou sensatos – sejam queimados vivos, decapitados ou liquidados em massa por metralhadoras modernas. Não podemos nos tranquilizar com a ideia de que tais acontecimentos pertencem a um passado remoto. Lamentavelmente essas coisas não apenas pertencem ao nosso presente como constituem, em certa medida, coisas do futuro. 'Homo homini lúpus' (O homem é o lobo do homem) é uma máxima triste, mas de validade permanente. De fato, o homem tem razão em temer as forças impessoais que habitam o inconsciente. Diante dessas forças, vemo-nos num estado de feliz inconsciência, pois elas nunca ou quase nunca 463

---

7. "O sentido da psicologia para o presente", § 326s. deste volume. O § 462a não se encontra na edição anglo-americana.
8. *Psicologia e religião* (1938) [OC, 11/1].

emergem em nossas ações pessoais ou em circunstâncias normais. No entanto, quando as pessoas começam a se aglomerar e a formar uma massa, liberam-se os dinamismos do homem coletivo – bestas e demônios que dormem no interior do indivíduo até que se torne partícula de uma massa. Na massa, o homem submerge inconscientemente a um nível moral e intelectual mais baixo, que se encontra abaixo do limiar da consciência, sempre pronto a emergir tão logo se submeta a um estado massificado".

"Com a eclosão das forças coletivas, dá-se uma surpreendente modificação do caráter. Um homem afável e sensato pode transformar-se num louco furioso ou numa fera. Em geral costumamos ligar essas alterações a circunstâncias externas, mas nada poderia eclodir dentro de nós se já não estivesse de alguma forma presente. De fato, vivemos permanentemente sobre um vulcão e, pelo que sabemos, não dispomos de nenhuma medida de prevenção capaz de conter uma erupção que aniquilaria todas as pessoas ao seu alcance. Certamente devemos pregar a razão e a compreensão sadia, mas o que fazer se tivéssemos, por exemplo, como ouvintes ou internos de um hospício ou uma massa de possessos? Não há muita diferença entre ambos, pois tanto o louco quanto a população se movimenta segundo forças impessoais e onipotentes."

"Assistimos agora a este espetáculo assombroso: *Estados* exigindo a teocracia arcaica, isto é, a da *totalidade* que pressupõe, inevitavelmente, a repressão das liberdades. Vemos mais uma vez pessoas se digladiarem por teorias pueris como, por exemplo, a construção de um paraíso terrestre. Não é difícil perceber que as forças do mundo inferior, para não dizer infernais, que antes se achavam acorrentadas e domesticadas de modo relativamente seguro numa gigantesca construção espiritual, criam agora uma escravidão e prisão estatais desprovidas de qualquer estímulo psíquico ou espiritual. Não são poucas as pessoas atualmente convencidas de que a pura razão humana não basta para realizar a ingente tarefa de conter o vulcão agora em erupção."

"Atentem para a crueldade inaudita de nosso mundo dito civilizado; tudo provém do ser humano e de seu estado mental! Observem os meios diabólicos de destruição, descobertos por inofensivos *gentlemen*, por cidadãos sensatos e respeitados que, em princípio, representam tudo o que almejamos. No entanto, quando tudo voar pelos ares, provocando o inferno da destruição, ninguém se apresentará como responsável. Embora tudo provenha do homem, parece que as coisas acontecem por si sós. Todavia, como todos estão cegamente convencidos de que nada mais são que o retrato de sua humilde consciência, que cumpre fielmente seus deveres e luta pelo pão de cada dia, ninguém percebe que essa massa racionalmente organizada, a que se dá o nome de Estado ou nação, é movida por um poder aparentemente impessoal e invisível, mas terrível, que nada nem ninguém controla. Esse poder aterrador é, em geral, atribuído ao medo da nação vizinha que todos supõem possuída por um demônio ou força do mal. Como ninguém é capaz de reconhecer o grau de possessão demoníaca e de inconsciência em que vive, projeta-se o próprio estado interior para seus semelhantes, legitimando, dessa forma, o gás mais venenoso e os maiores canhões. O pior de tudo é que as pessoas têm toda razão. Pois todos os que estão à volta, e nós mesmos, somos dominados por uma angústia incontrolada e incontrolável. Como se sabe, nos hospícios os pacientes amedrontados e ansiosos são bem mais perigosos do que os dominados pela ira ou pelo ódio"[9].

Em 1940, no início da *drôle de guerre* (guerra esquisita), foi publicada a tradução alemã das presentes preleções. Ela ainda chegou à Alemanha, mas foi barrada imediatamente devido às passagens citadas, e eu entrei para a lista negra. Fui "marcado". Depois da ocupação da França, a Gestapo destruiu todas as edições francesas disponíveis de minha obra.

Em vários lugares, acusaram-me de ter ousado falar de "psicopatia" alemã. Estou e sempre estive convencido de que os movimentos políticos de massa, característicos de nosso tempo, são epidemias psíquicas, ou seja, psicoses de massa. Como mostram os fenômenos desumanos que os acompanham, eles constituem fenômenos psíquicos anormais e me recuso terminantemente a considerar tais coisas como normais ou erros desculpáveis. Homicídio é homicídio como também não se pode desconsiderar que a totalidade da nação alemã se lançou com toda força numa guerra de pilhagem. Decerto, devemos levar em conta a revolta de muitos indivíduos, mas o seu número não ul-

---

9. Ibid. [§ 23s. e 83s.].

trapassa uma pequena minoria. O comportamento da nação alemã como um todo é inequivocamente anormal, pois do contrário ter-se-ia considerado normal essa forma de guerra.

466   Como num homicídio comum, assim também existiram inúmeras razões de ordem política, social, econômica e histórica que levaram os alemães à guerra. Todo assassino tem motivos suficientes para o crime, pois do contrário não o cometeria. No entanto, para que realmente o pratique, é preciso ainda uma disposição psíquica especial. Isso inclusive é o que justifica a existência de uma psicologia criminal. A Alemanha sofria de uma psicose de massa, o que, inevitavelmente, culminaria numa catástrofe. Decerto nenhuma psicose surge do nada. Ela se origina de uma predisposição de há muito existente, chamada inferioridade psicopática. Do mesmo modo que as nações possuem sua própria psicologia, elas possuem a sua própria psicopatologia que consiste no acúmulo de traços individuais anormais, gerando uma sugestibilidade disseminada nacionalmente. Aqui também existem certamente razões específicas para que isso ocorra. No entanto, a existência de razões não atenua nem o caráter nem o ato em si. Pois, mesmo que consideremos todas as razões que provocam o crime ou a doença mental, poderíamos alojar um criminoso ou um doente numa colônia de veraneio?

467   Não foi somente em maio de 1945 que me ocorreu a explicação de uma psicose de massa. Já bem antes, havia usado essa expressão e adverti para o imenso perigo que representava não só uma vez, mas muitas. Escrevi em 1916, antes da entrada dos Estados Unidos na Primeira Guerra: "Será essa guerra uma guerra econômica? Esse é um ponto de vista americano de neutralidade e frieza nos negócios, que passa por cima do sangue, das lágrimas, dos atos infames, dos tormentos e esquece que essa guerra é, na verdade, um delírio epidêmico"[10].

"Uma vez que esta função (do irracional) passe para o inconsciente, sua ação torna-se tão devastadora e irresistível como uma doença encurável, cujo foco não pode ser extirpado, porque é invisível. E isso compele o indivíduo ou o povo a viver a irracionalidade. Não só a vi-

---

10. *Die Psychologie der unbewussten Prozesse* [1917, p. 93]. Esse escrito foi retrabalhado e publicado ulteriormente sob o título: *Psicologia do inconsciente.*

vê-la como a aplicar todo o seu idealismo, todo o seu engenho para tornar a loucura da irracionalidade tão perfeita quanto possível[11]."

Numa conferência realizada na British Society for Psychical Research, em 1919, afirmei: "Se essa animação (do inconsciente coletivo) se deve a uma destruição de todas as esperanças e expectativas, o grande perigo está na possibilidade do inconsciente vir a ocupar o lugar da realidade consciente. Esse estado é doentio. Atualmente podemos perceber algo semelhante na mentalidade russa e alemã"[12]. Num tratado sobre a psicologia do sonho, desenvolvido a partir de uma comunicação apresentada no Congresso Internacional de Psicologia, no ano de 1914, ou seja, no início da Primeira Grande Guerra, escrevi que "os normais... vivenciam sua perturbação mental tanto social como politicamente sob a forma de manifestações patológicas de massa como, por exemplo, a guerra"[13].

Em 1927 eu disse: "As velhas religiões, com seus símbolos sublimes e ridículos, carregados de bondade e de crueldade, não nasceram do ar, mas da alma humana, tal como vive em nós neste momento. Todas essas estranhas coisas, suas formas originárias nos habitam e podem precipitar-se sobre nós a qualquer momento, com uma violência destruidora, sob a forma de sugestão das massas, contra a qual o indivíduo é impotente. Os deuses terríveis mudaram apenas de nome, eles rimam agora com 'ismo'. Será que alguém se atreveria a afirmar que a Guerra Mundial ou o bolchevismo foram invenções engenhosas? Vivemos exteriormente num mundo em que continentes podem submergir a qualquer instante, os polos deslocarem-se, ou uma nova pestilência fazer sua irrupção; paralelamente, vivemos interiormente num mundo em que algo semelhante pode acontecer,

---

11. Ibid., p. 116 [OC, 7/1; § 150].

12. ["If this animation (of the collective unconscious) is due to a complete breakdown of all conscious hopes and expectations, the danger arises that the unconscious may take the place of conscious reality. Such a state is morbid. We actually see something of this kind in the present Russian and German mentality"]. The Psychological Foundations of Belief in Spirits. *Contributions to Analytical Psychology*. Londres: [s.e.], 1928, p. 265s. [edição alemã ligeiramente alterada in: *A energia psíquica* (OC, 8/1; § 595) onde se diz: "O estado mental da totalidade da nação é comparável a uma psicose."]

13. *A energia psíquica* [OC, 8/1; § 518].

sob a forma de uma ideia, nem por isso menos perigosa e nociva. A desadaptação ao mundo interior é uma omissão de graves consequências, tal como a ignorância e a incapacidade frente ao mundo exterior. Só uma ínfima parte da humanidade, na superpovoada península asiática projetada sobre o Atlântico, e que se considera 'culta' por sua falta de contato com a natureza, concebeu a ideia de que a religião é uma forma peculiar de perturbação mental, cuja meta é incompreensível. Considerada de uma distância segura, da África Central ou do Tibet, parece que essa fração humana projetou seu próprio *dérangement mental* (perturbação mental) inconsciente sobre os povos que ainda possuem instintos saudáveis"[14].

470 Num texto editado conjuntamente com Richard Wilhelm, em 1929, fiz a seguinte observação: "Se negarmos a existência dos sistemas parciais, julgando ser possível superá-los por uma simples crítica do nome, o efeito dos mesmos nem por isso cessará, embora não possamos mais compreendê-los; a consciência também não conseguirá mais assimilá-los. Eles tornar-se-ão um fator inexplicável da perturbação, que atribuímos a algo fora de nós mesmos. A projeção dos sistemas parciais cria uma situação perigosa, uma vez que os efeitos perturbadores são imputados a uma vontade pervertida e externa que, por força, é a de nosso vizinho, *de l'autre côté de la rivière* (do outro lado do rio). Isto desencadeia alucinações coletivas, incidentes de guerra, revoluções; em resumo, psicoses destruidoras de massa"[15].

471 Em novembro de 1932, ano decisivo para o destino da Alemanha, fiz em Viena uma conferência dentro da programação da Kulturbund austríaca, da qual transcrevo algumas passagens:

"O principal foi esquecido, isto é, que o psíquico é idêntico à consciência e a suas obras mágicas somente num aspecto mínimo. A maior parte é constituída por um fato inconsciente que ali se encontra como um granito, rígido, pesado, impenetrável e irremovível e que, por possuir leis desconhecidas, pode avassalar-nos a todo momento. As gigantescas catástrofes que nos ameaçam não são, de modo algum, acontecimentos elementares de natureza física ou bio-

---

14. *O eu e o inconsciente* [OC, 7/2; § 326].
15. *O segredo da flor de ouro* [§ 52].

lógica, mas acontecimentos psíquicos. As guerras e revoluções que nos ameaçam com tanta violência nada mais são do que epidemias psíquicas. A todo momento contamos com a possibilidade de milhares de pessoas se deixarem tomar por um delírio, e com isso, vivermos mais uma guerra mundial ou uma revolução violenta. Em lugar dos animais ferozes, dos terremotos e grandes inundações, o homem hoje se vê exposto às suas forças psíquicas elementares. O psíquico é um poder imensamente maior do que todas as demais forças terrestres. O iluminismo, ao expulsar os deuses da natureza e das instituições humanas, não atentou àquele Deus do Terror que habita em toda alma humana. Ante o imenso poder do psíquico, é sempre oportuno o temor de Deus. Contudo isso não passa de abstração. Todos sabemos que o intelecto, diabo esperto e arrogante, pode falar nesses termos como também de modo bem diverso. Outra coisa, porém, é quando esse psíquico objetivo, com toda sua consistência de granito, confronta-se com o indivíduo no âmbito de uma experiência interior e lhe diz: 'Isto é e deverá ser assim'. Certamente ele se sentirá como os grupos sociais na iminência de uma guerra, de uma revolução ou de qualquer outro delírio dessa espécie. Não é sem razão que o nosso tempo clama por um redentor, por uma personalidade que se distinga do poder inevitável da coletividade que, por isso, se liberta, acendendo nos demais chama de esperança de que ao menos *um* conseguiu evitar a identidade nefasta com a psique do grupo. Em função de sua inconsciência, o grupo não possui a menor liberdade de decisão, submetendo-se ao psíquico como uma lei natural e inexorável. A partir daí temos uma sequência de fatos que só encontra seu termo na catástrofe. O povo é sempre movido pela nostalgia do herói, do vencedor dos dragões e, por isso, clama sempre por uma personalidade quando sente o perigo do psíquico[16]."

Creio não ser necessário prosseguir a citação. Decerto não supunha que essas constatações haveriam de se manifestar numa escala ainda maior como também jamais imaginei que, algum dia, seria acusado de não ter dito nada a esse respeito antes de 1945, isto é, antes da publicação do artigo *Depois da catástrofe* no *Neue Schweizer Rundschau*.

---

16. "Da formação da personalidade". In: JUNG, C.G. O desenvolvimento da personalidade. [OC, 17; § 302s.].

Com a ascensão de Hitler ao poder, ficou claro para mim que a Alemanha sofria de uma psicose de massa. Apesar disso tentei me convencer de que, a despeito desse fato, a Alemanha era com toda propriedade uma nação europeia culta, dotada de grande moral e disciplina. Sendo assim, o desfecho desse movimento de massa tão patente era algo questionável assim como, de início, a figura do Führer me parecia somente ambivalente. Ao proferir algumas conferências em Berlim, no ano de 1933, tive uma impressão bastante desfavorável do procedimento do partido e sobretudo da figura de Goebbels. Inicialmente não quis admitir que esses sintomas pudessem ser tão decisivos, sobretudo porque várias pessoas de posse, de um idealismo indiscutível, tentavam me persuadir de que se tratava de uma excrescência inevitável a toda grande transformação. De fato não era nada fácil enquanto estrangeiro estabelecer um julgamento adequado da situação. Da mesma forma que meus contemporâneos, tinha muitas dúvidas.

473   Como psiquiatra sabia que, diante de um paciente ameaçado pelo domínio de conteúdos inconscientes, é da maior importância terapêutica fortalecer ao máximo a sua consciência e entendimento, ou seja, os componentes normais da personalidade, a fim de que exista algo capaz de amortecer e integrar os conteúdos psíquicos em irrupção. Em si, esses conteúdos não são propriamente destrutivos, mas ambivalentes. Tudo depende das boas condições da consciência, da sua capacidade de amortecê-los.

474   O nazismo constitui um desses fenômenos psicológicos de massa, uma dessas irrupções do inconsciente coletivo às quais me referia já há mais de vinte anos. As forças propulsoras do movimento psicológico de massa são de natureza arquetípica. Todo arquétipo traz em si o bom e o mau, o que há de mais baixo e de mais elevado, o que explica seus efeitos tão contraditórios. Assim nunca se pode prever se agirá de forma positiva ou negativa. Se o meu comportamento naquela época foi o de quem aguarda o desenrolar dos acontecimentos é porque tinha que agir em concordância com minha atitude médica diante de casos semelhantes: não julgar precipitadamente, não pretender saber melhor *a priori* e sim "dar uma chance", segundo a expressão inglesa. Pois, o objetivo do médico não é atacar a consciência perturbada, mas fortalecer a sua resistência através da compreensão, a fim de que o indivíduo não seja arrastado pelo mal que todo arqué-

tipo abriga e, desse modo, para a sua própria desintegração. A meta terapêutica é permitir a realização do que o arquétipo possui de bom, válido e vivo, integrando-o à consciência e impedindo o máximo possível os aspectos nocivos. Pertence à tarefa do médico um otimismo que o ajude, mesmo nas piores circunstâncias, a tentar salvar o que talvez possa se salvar. A falta aparente ou real de perspectiva de solução não deve impressioná-lo, mesmo em circunstâncias que envolvam perigo. Também não podemos nos esquecer de que, até a era nazista, a Alemanha foi um dos países mais distintos dentre as nações civilizadas da terra e também a base para os laços de sangue, língua e amizade. Tudo faria que estivesse a meu alcance para não romper os laços culturais, pois a cultura constitui, em minha opinião, o único meio contra o perigo devastador da massificação.

Se um arquétipo não se realiza de modo consciente, não existe nenhuma garantia de ele se realizar de forma propícia; o perigo de uma regressão maléfica é sempre crescente. Parece que a psique possui uma consciência precisamente para impedir essas possibilidades destrutivas. 475

Decidi escrever o artigo *Depois da catástrofe*[17] em razão de uma entrevista publicada pela imprensa sem a minha revisão. Quis assim expor com toda autenticidade minhas opiniões. Muitos não percebem que minhas afirmações acerca da culpa coletiva alemã não partem de uma ordem moral ou jurídica, mas apenas do fenômeno psicológico da culpa. Esse artigo visa, portanto, discutir esse conceito. Enquanto suíço, não possuo o menor direito de me comportar perante os outros como um juiz. A Suíça produziu inúmeros traidores; a terra de Pestalozzi gerou, com sua administração corrupta e o seu campo de prisioneiros, uma imagem lamentável de sua atitude pedagógica e psicológica, além de nossas revoltas internas constituírem sintomas de um desajuste psíquico vergonhoso. Como então julgar alguém? 475a

No tocante à "psicopatia alemã" tive e mantenho a convicção de que o nazismo constituiu uma espécie de psicose de massa, à qual já havia me referido há bastante tempo. Só consigo explicar o que houve na Alemanha como um estado mental anormal. Eu estaria propenso a 476

---

17. Capítulo XI deste volume. Essa passagem não se encontra na edição anglo-americana.

aceitar a tese, se alguém conseguisse prová-la, de que a fenomenologia do nazismo é própria do estado normal da psique. Na Itália, a psicose de massa se deu de forma mais amena. À Rússia pode-se atribuir o baixo nível da educação de seu povo antes da Revolução. Mas a Alemanha, considerada um dos países de cultura mais elevada, superou em gênero e grau tudo o que já houve. Em minha opinião, a nação alemã sofre de profunda baixeza, como contrapeso ao seu espírito elevado. Chama-se esse estado, na psicopatologia, de dissociação. Uma dissociação habitual constitui uma das características de disposição psicopática. As particularizações decorrentes dessa constatação geral podem ser encontradas pelo leitor no artigo *Depois da catástrofe*.

477   Estou ciente de que a palavra "psicopático" soa muito duro para o ouvido do leigo que, de imediato, a associa às cenas mais terríveis de hospícios etc. Como esclarecimento, gostaria de dizer que somente uma parte mínima em estado terminal dos chamados psicopatas chega à clínica psiquiátrica. A sua grande maioria é composta da parte "normal", por assim dizer, da população. O conceito de "normal" é, na verdade, uma construção ideal. Existe o que se chama de "zona de normalidade" que significa implicitamente uma oscilação do conceito de normal dentro de certos valores limites e que, justamente por isso, não se define com precisão. Desde que se verifique uma oscilação um pouco maior, o processo psíquico penetra no domínio da anormalidade. Esses desvios tão frequentes só vêm à tona quando aparecem manifestações propriamente doentias. Quando, porém, os sintomas se tornam claros e visíveis até para um leigo, pode-se constatar então um *páschein* (que significa "sofrer") psíquico, isto é, uma psicopatia. Os seus graus mais leves são mais frequentes do que os mais graves. Um número imenso de pessoas ultrapassa, numa ou noutra direção, temporária ou cronicamente, a zona de normalidade. E se essas pessoas se aglomeram – como no caso da constituição de grandes massas – surgem manifestações anormais. Lendo-se o que Le Bon escreveu a respeito da *psychologie des foules* (psicologia das multidões)[18], ter-se-á uma ideia precisa do que quero dizer ao afirmar que o homem, enquanto partícula da massa, é psiquicamente anormal. E a ignorância não protege absolutamente desse fato.

---

18. "Psicologia das massas". Ou cf. tb. a obra de REIWALD, P. *Vom Geist der Massen*. Zurique: [s.e.], 1946.

Se a palavra "psicopático" soa demasiado duro, peço que me ajudem a encontrar uma expressão mais suave, benévola e consoladora que diga, de maneira justa e correta, a situação espiritual que deu origem ao nazismo. Minha intenção não é, de modo algum, insultar o povo alemão e sim, como já afirmei, diagnosticar o sofrimento que constituiu a raiz e a causa da deterioração psíquica desse povo. Como vi muita coisa semelhante na clínica psiquiátrica, ninguém jamais chegará a me convencer de que os maçons, os judeus e os ingleses maus impuseram o nazismo aos alemães.

Se alguém quiser ter uma ideia concreta de como age um complexo de inferioridade psicopática, basta pesquisar como os alemães responsáveis, os cultos, reagiram em seus *faits et gestes* (feitos e gestos): um grande número se revoltou abertamente, com a derrota sofrida na guerra. Um número também elevado sofreu grande choque ao ver que, "depois de terminada a guerra", o país era ocupado de modo tão duro, injusto e violento. Esqueceram-se da maneira como a Alemanha ocupara a Boêmia, a Polônia, a Rússia, a Grécia, a Holanda, a Bélgica, a Noruega ou a França. "De fato aconteceram todas as imposturas, mas isso foi durante a guerra." Um número talvez ainda maior concordou com a existência de campos de concentração e com o mau governo na Polônia etc., para evocar, logo em seguida, todos os crimes cometidos pelos ingleses na guerra contra os Boers, para não falar da guerra provocada pelo outro psicopata alemão que foi o rei Guilherme II. Assim não se dão conta de que o pecado alheio não desculpa os seus próprios e que acusar o outro põe mais a descoberto a falta de conhecimento e compreensão de si mesmos.

Por fim, somente um pequeno número composto dos melhores indivíduos reconhece e professa: *"Pater, peccavi in caelum et coram te"* (Pai, pequei contra o céu e contra ti) e "nós somos culpados pela miséria que se abateu sobre o mundo; sabemos que devemos suportar igualmente as consequências dessa guerra leviana e criminosa e não pretendemos nos furtar a esse destino com lamúrias ou acusações"[19]. A essa confissão respondemos então com as palavras de Lucas 15,22:

---

19. Utilizo um documento autêntico cujos autores não gostaria de citar nominalmente, pois se trata de pessoas honradas cujas deficiências não são culpa pessoal, mas nacional.

"Trazei depressa a túnica mais preciosa e vesti nele, ponde-lhe no dedo um anel e sandálias nos pés. Trazei um bezerro bem gordo para matar e comamos e alegremo-nos, porque este filho estava morto e voltou à vida". Esta confissão nos possibilita pressentir algo da alegria redentora do pecador no céu e um pouco do embaraço dos demais justos.

481 Mas o que se diz na frase seguinte? "Justamente enquanto homens que se pronunciam sem nenhuma reserva e com sincera convicção, enquanto cristãos evangélicos, nós temos o dever (ó insuperável linguagem de Canaã!)... de lembrar com toda energia que, segundo o Evangelho, ninguém está tão exposto ao perigo quanto aquele que, cônscio da própria inocência, julga e culpa o próximo... Não podemos nem devemos nos calar sobre o fato de que também os estadistas e governos estrangeiros, através de sua política igualmente violenta e injusta antes e depois de 1918, foram decisivos para a primeira grande catástrofe europeia, provocando a inflação, a crise econômica e a miséria do povo alemão e preparando assim o terreno para o dragão do nazismo."

482 Na primeira frase diz-se que não se tem intenção alguma de acusar quem quer que seja, mas na frase seguinte faz-se uma acusação. A contradição passa despercebida. Quando a uma confissão de arrependimento segue-se uma defesa agressiva, a realidade do arrependimento se torna questionável. Como não se pode antecipadamente supor que o redator do documento tenha tido a intenção expressa de sabotar o efeito desta confissão, resta-nos então a suspeita de que aqui, como em inúmeros outros casos em que se utiliza o mesmo tipo de argumentação, verifica-se uma espantosa inconsciência da impressão de fatalidade que tal atitude pode criar.

483 Ademais é preciso perguntar: Ao "julgar e culpar os outros", a Alemanha admitiu francamente que tem consciência de sua culpa? Parece que o redator não levou em consideração que existe na Europa um público capaz de formar seu próprio juízo e não se deixar iludir por tais ingenuidades inconscientes. Talvez por isso o artigo tenha um tom de monólogo que, na verdade, é próprio deste quadro clínico. Pais e professores, juízes e psiquiatras conhecem bem essa mistura de arrependimento e desejo de vingança, essa inconsciência, essa despreocupação e indiferença diante da impressão de fatalidade

e a desconsideração autista dos contemporâneos. Os primeiros veem isso nos filhos e alunos mais problemáticos e os segundos nos clientes adultos mais desajustados. Esse tipo de atitude tende a fracassar em seu objetivo: pretende causar a impressão de arrependimento com o contragolpe do ataque. Dessa forma, o arrependimento é irreal e a defesa ineficaz. Essa atitude é por demais inconsciente para alcançar o seu objetivo, mostrando-se inadequada e imatura para as exigências da realidade. "A doença é uma diminuição na capacidade de adequação", diz antiga máxima. A tentativa de adequação que acabamos de mencionar não tem validade intelectual nem tampouco moral; ela é inferior, ou melhor, psicopaticamente inferior.

Não faço essa afirmação com o intuito de acusar ou julgar[20]. Sou obrigado a mencionar isso porque meu diagnóstico foi posto em dúvida. Um diagnóstico médico não é uma acusação da mesma forma que uma doença não é uma vergonha ou infâmia e sim, um infortúnio. Já em 1936 defendia eu a importância de se fazer um juízo mais benigno sobre o estado mental dos alemães[21]. Ainda hoje analiso segundo a perspectiva do terapeuta e, por isso, no interesse do paciente, devo insistir sobre a necessidade de uma compreensão ampla e irrestrita. De nada pode ajudá-lo uma consciência parcial de seu estado, escondendo-se-lhe a outra metade com ilusões, pois ele próprio percebe o imenso perigo que isso representa. Meu interesse pelo destino do povo alemão é muito grande e sinto imenso pesar em saber como é infinitamente pequena a minha possibilidade de ajuda. Posso apenas desejar e esperar que o isolamento espiritual, que agora ameaça o povo alemão e constitui um perigo tão grande quanto a crise econômica, encontre logo o seu fim. O isolamento nacional e a concentração de massas com sua organização centralizada constituem os elementos de deterioração do povo alemão. Nesse sentido, a grande tarefa que os alemães têm diante de si não é de ordem política, mas sobretudo espiritual para a qual, aliás, são particularmente bem dota-

---

20. Não é absolutamente minha intenção incluir todo alemão neste diagnóstico. Ouvi de alemães explicações de grande valor humano sem qualquer fraqueza infantil que em geral caracteriza o estilo alemão *Kraftmeier*.
21. "Wotan" [cap. X deste volume].

dos. Por isso, esse outro lado de sua natureza deve receber todo estímulo e ajuda.

485 Não gostaria de finalizar esse posfácio sem antes exprimir algumas palavras de esperança. Nenhum povo sofreu queda tão profunda quanto o alemão, mas nenhum jamais ficou tão marcado com um tal estigma que levará algumas gerações até desaparecer. Mas quando um pêndulo oscila violentamente numa direção, ele só poderá oscilar na outra direção na mesma proporção – suposto, evidentemente, que possamos empregar essa metáfora em relação à psique de um povo. Sei apenas que existem oscilações na psique de um indivíduo, com tendência para dissociação, em que um extremo leva inevitavelmente para o extremo oposto. Naturalmente, desde que o sujeito esteja de plena posse de suas qualidades humanas e tenha assim um valor médio normal que equilibrará os dois pratos da balança: o do valor menor e o do valor maior. Em outras palavras, confio em que o povo alemão possua uma capacidade de regeneração e possa, portanto, encontrar uma resposta correta para a assombrosa tensão entre os contrários que viveu nos últimos 12 anos. A Alemanha não estaria sozinha nesse empenho, pois todas as forças espirituais positivas operantes no mundo a acolheriam e apoiariam. Em toda parte, eclodiu a luta entre a luz e as trevas. Abriu-se uma fenda em toda a "ecuméne". O fogo que pôs a Alemanha em chamas arde devastadoramente em toda parte. A conflagração irrompida na Alemanha resulta de condições espirituais específicas que, no entanto, estão disseminadas planetariamente. O verdadeiro sinal de perigo, porém, não é a chama alemã, mas a desintegração nuclear que coloca na mão do homem o instrumento de sua autodestruição total. A nossa situação hoje é a mesma de alguém que colocasse na mesa de aniversário de seu filho de seis anos um quilo de dinamite. Ninguém pode mais ter certeza plena de que nada de mal acontecerá. Será que a humanidade conseguirá renunciar a brincar de guerra? Será que se habituará com a ideia de que todo governo que naturalmente se constitua de bravos patriotas e, por essa razão, assine uma ordem de mobilização geral de tropas deva logo ser executado em bloco?

486 Como é possível proteger a criança da dinamite se ela não deixa que lha arranquem de suas mãos? O bom espírito da humanidade enfrenta o maior desafio de todos os tempos. Não se pode mais atenuar

ou colorir de rosa esse fato. Será que esse reconhecimento conseguirá promover um retorno à interioridade e uma consciência e responsabilidade mais elevadas e maduras?

Já é hora e não há tempo a perder: a humanidade civilizada deve voltar a sua mente para as realidades fundamentais. A questão agora é ser ou não ser. Este assunto merece certamente a mais profunda investigação e discussão. Pois o perigo que agora paira sobre nós tem tais proporções que faz desta última catástrofe europeia como um mero prelúdio do que poderá ocorrer.

XIX

O significado da linha suíça no espectro europeu[*]

903   O conde Keyserling representa um fenômeno que merece ser avaliado com todo cuidado e abrangência. O fenômeno é extremamente complexo, sendo impossível estabelecer um julgamento final. Desvendar seus lados obscuros não constitui um mérito, pois estes são muito evidentes. Além disso, de Keyserling jorram luzes tão fortes que se pode mesmo pensar que essas sombras lhe pertencem não tanto como uma consequência física, mas como condição necessária da capacidade intuitiva que lhe é peculiar. A luz pressupõe sempre escuridão. A escuridão clama por visão, a obscuridade por clareza, a diversidade e falta de harmonia por unidade e consonância.

904   Seria por demais simplista rir-se de Keyserling como o aristocrata que observa o mundo "através de um monóculo". Não devemos levá-lo na brincadeira mesmo quando ele próprio se ilude e afirma que seu livro deve ser lido com humor. Não consigo achar seu livro humorístico; ao contrário, seu estilo é mordaz e soa diversas vezes como o vibrar de um chicote. O livro não provoca risadas, faz-nos pensativos. O que Keyserling chama de humor é um modo espirituoso, frequentemente brilhante que, no entanto, toca as coisas com frieza e de maneira inquietante. Trata-se muito mais de uma piada cavalheiresca, de um humor de aparência, ou seja, de um dos meios que se

---

[*] Publicado pela primeira vez em *Neue Schweizer Rundschau*, XXIV/6, 1928, p. 1-11 e 469-479. Zurique. O artigo é uma recensão do livro *Spektrum Europas* do conde Hermann Keyserling.

tem para dar asas à imaginação e se manter flanando sobre a massa caótica da obscuridade. É uma tentativa perdoável de tornar mais leve uma tarefa que, no fundo, é demasiado penosa. O leitor atento decerto não se equivocará a respeito dessa brincadeira, pois acabará percebendo que esse livro é o próprio Keyserling numa busca de aproximação da terra e, em particular, da Europa.

Terá Keyserling a pretensão de ser levado a sério? Se deixarmos de lado a sua opinião pessoal, que certamente é diferente, acho aconselhável tratá-lo com profundidade e não considerar o seu livro como um escrito "humorístico". Sua tentativa de apreender a Europa a partir de uma visão de pássaro possui um grande valor. Entretanto, o valor e o sentido fundamental do livro devem-se, no meu entender, ao fato de ter expresso com clareza que o homem espiritual precisa necessariamente desviar-se da perspectiva puramente racional. Esse reconhecimento baseia-se numa realidade psicológica que, desde os tempos de uma língua latina comum, de uma Igreja cristã una e universal e de um estilo gótico geral, desapareceu inteiramente até mesmo enquanto vaga suspeita. Significa o retorno a uma cosmovisão psicológica em que as nações são apreendidas com funções, formas de expressão de um homem maior, uno e indivisível. Essa visão é extraordinariamente idealista e até mesmo "metafísica", constituindo uma prova cabal do estado de alienação em que Keyserling se encontra em relação à terra. Sua perspectiva apresenta o caráter indiscutível da espiritualidade com todas as vantagens e desvantagens que comporta. Não sei que indivíduo ou nação teria um tal grau de espiritualidade que não mais precisasse desenvolvê-la. Por mais alto que um povo possa impor-se diante de seu vizinho, ele ainda estará sempre no fundo. Se somássemos as cem cabeças mais inteligentes numa só, teríamos, na verdade, uma imensa cabeça idiota, já que todo talento, seja intelectual ou moral, é sempre, em última instância, uma diferenciação individual. Diferenciação significa o mesmo que diferença. As diferenças, por sua vez, jamais se acumulam. Elas se contrapõem. O que, no entanto, se acumula é o homem comum – o "humano demasiado humano", isto é, o primitivo, o idiota, o indolente, o destituído de vontade. A espiritualidade, portanto, nunca é excessiva, constituindo um bem raro e inestimável.

905

906   A fim de proclamar essa mensagem redentora, Keyserling precisa fazer uso do aristocratismo em que se distancia do mundo, alcançando um estado de elevação, afastamento e solidão. Não posso recriminá-lo pelo uso do monóculo, pois sei a que objetivos isso atende. Mesmo a "megalomania" que se lhe atribui com frequência (que no *Spektrum Europas* está bem mais atenuada do que nos outros livros) pode ser considerada como um meio utilizado para preservar seu nível diante de todo um mundo, como uma afirmação de si perante o não ser. É uma atitude perdoável e só inadmissível para aqueles que nunca levantaram os olhos do chão. A megalomania resguarda a coragem, do contrário, nada significaria.

907   Keyserling provém da região do espírito. Vem de bastante longe, experimentando por isso, muitas dificuldades em compreender o que vê na terra. Também por essa razão ele fala tanto em sentido, pois está buscando algum. É *preciso* buscar um sentido se considerarmos que, de início, em nosso mundo presente vemos apenas insensatez. Na realidade, uma das coisas mais difíceis é encontrar sentido em algum lugar. Essa busca se acha ainda mais dificultada pelo fato de existirem tantos "sentidos", milhares de sentidos e finalidades apressadas, sôfregas e fugidias. Todavia, quanto mais insensatos, mais cheios de sentido parecem para aqueles que são por eles atropelados. Esse espetáculo desesperado se torna ainda mais esmagador quando passa da esfera limitada e menos tenebrosa do indivíduo para emergir como "alma de um povo". É justamente nesse fim insensato e desesperado que Keyserling se vê obrigado a desenvolver a ideia de visão do mundo e da alma dos povos. Cada palavra ríspida, cada estalo de chicote, cada injustiça ou distorção de julgamento se torna compreensível se tomada como uma irritação involuntária e impaciente com essa matéria ingrata, contraditória e confusa. Keyserling *deve* vangloriar-se de ser simultaneamente russo, báltico, alemão e francês; ele deve poder referir-se a Napoleão, Sócrates e Gengis Khan como a um dos seus, de modo a conseguir escapar dos tentáculos da alma nacional para então pensar e julgar. Ele não pode pertencer a nenhuma nação, nem sequer à humanidade, visto que ele não é propriamente humano e sim um fenômeno único e essencial. Infelizmente a psicologia não conhece nenhum conceito ou nome para designar tais qualidades mas, apesar de inominável e desconhecida, é essa caracterização que habilita Keyserling a ver, de fora, a humanidade.

A concepção da humanidade que se obtém mediante uma "visão cósmica" (para nos valermos de uma expressão adequada à sua psicologia cometária) possui um grande alcance, embora limitada pela visibilidade; esta encontra-se totalmente fincada na luz do dia e não considera verdadeiras as coisas subterrâneas. Keyserling viu, de modo brilhante, o que se refere ao nível mais superficial, mais visível, dos povos. Os capítulos sobre a Itália e os Países Baixos são simplesmente estupendos. Não há dúvida de que ele se deparou com o coração da França (ou seja, Paris), mas o francês do campo, que se esconde na terra, permaneceu-lhe invisível, apesar de ser ele essencial. Viu perfeitamente na Espanha o homem gótico que ali ainda habita sem, no entanto, lhe dar esse nome. O inglês que se esconde na terra e no mar recebeu o nome de "homem animal" que, embora não muito lisonjeador, é de fato correto. Sua Alemanha não me satisfez de modo algum, se bem que não conheça ninguém que fosse capaz de descrevê-la melhor. É evidente que deslocou o espírito austríaco para Viena, deixando invisível a Áustria dos Alpes, a Áustria que se esconde nos solos. Rússia, Romênia, Hungria e Grécia eu não conheço pessoalmente. 908

Mas o que dizer da Suíça que nos concerne de maneira tão próxima e dolorosa! Esta foi inegavelmente a pior descrição. Keyserling chegou inclusive a citar meu nome e o do senhor Badrutt de Saint Moritz como suíços modelos, diante do que, tanto o senhor Badrutt quanto eu nos vimos igualmente surpresos e satisfeitos. No entanto, mereço esse privilégio menos do que ele, já que, por parte de pai, sou suíço há apenas 106 anos, enquanto que, por parte de mãe, sou suíço há mais de cinco séculos (segundo a informação de C.A. Bernoulli a respeito de minha árvore genealógica, indicada no *Basler Nachrichten*). Peço, portanto, ao prezado leitor que considere essa minha posição "relativamente suíça" como fruto de uma nacionalidade suíça que data apenas de cem anos. 909

Devo admitir claramente que a crítica de Keyserling ao caráter *visível* do povo suíço é de todo verdadeira, apesar de muito dura e discutível. Quanto menos ilusões façamos a esse respeito, melhor será para nós. Devemos saber como parecemos vistos de fora. De fato, devemos agradecer-lhe por nos dizer tão cruamente. Infelizmente não podemos negar que para cada frase desagradável a nosso respeito, poderíamos acrescentar ainda uma dúzia de exemplos altamente ilustrativos retira- 910 dos de nossa experiência cotidiana[1]. Na verdade o quadro que o autor pinta da Suíça não é muito alegre. As qualidades mencionadas quase desaparecem perto dos defeitos. Devo confessar que algumas chegaram a me insultar e irritar pessoalmente. Isso se explica pelo fato de que todo mundo, querendo ou não, se identifica com a sua nação, atribuindo as características consideradas boas como próprias e deslocando as más para os "outros". Esta simbiose inconsciente é de certo modo inevitável e traz o perigo de, quanto mais alguém se esconder na nação, menos se conscientiza de si próprio. No momento em que percebi meu orgulho nacional ferido, e me dei conta de que havia lido o capítulo sobre a Suíça como se Keyserling tivesse escrito sobre a minha própria pessoa, a minha irritação desapareceu!

911   Ficou claro para mim que, se tomasse a sua avaliação como algo pessoal, eu estaria irritantemente julgando a mim mesmo *de fora*. Devemos tolerar (e como!) esse tipo de julgamento, embora o mais fundamental seja nunca desistir de *sermos nós mesmos*. Vista de fora, essa atitude pode soar como autossuficiência. Ela só adquire, no entanto, essa conotação quando não se é capaz de empreender uma autocrítica. Se, ao contrário, tivermos essa capacidade, a crítica vinda de fora só nos afetará exteriormente e não conseguirá melindrar o nosso coração, já que dentro de nós habita um juiz ainda mais severo do que qualquer um que venha de fora. Ademais, cada cabeça, uma sentença! Por fim, acabaremos por descobrir que o nosso julgamento possui tanto valor quanto o dos outros. Como não é possível agradar a todos, o melhor que nos resta é ficar em paz conosco. "Cada um com a sua certeza[1a]." Keyserling se deparou com esse provérbio, que tanto reflete a consciência suíça, e disse: "Para todo homem culto que se encontre numa posição social elevada, esse tipo de mentalidade alienada dos valores é efetivamente uma falta de mentalidade" (p. 301).

---

1. Numa festa de família alguém se deu conta de que um determinado parente havia sido cortado por todos os outros. Como ele buscou saber qual o motivo desse comportamento inquiriu a dona da casa. "Ele faz coisas horríveis, é um homem medonho." Mas o que ele fez? "Veja o senhor, ele vive de seu capital."

1a. O ditado suíço diz: "Der eine betrachfs, der andere achfs, der dritte verachfs, was machfs" [N.T.].

Nesse momento aparece de maneira mais explícita a contraposição entre o homem de Keyserling e o homem suíço. O julgamento dos outros não é, por si só, um parâmetro de valor, mas somente uma informação utilizável. O indivíduo não só é capaz como precisa estabelecer a sua própria medida de valor para então aplicá-la. A ética é, em última instância, uma questão individual como nos expôs de maneira tão bela Albert Schweitzer. Além disso – qual é a situação do aristocrata? Será que ele se preocupa com a opinião alheia? Ele parece possuir ar em quantidade suficiente para, do seu cimo, olhar, para baixo e fazer a sua reflexão sem se deixar afetar pelo alarido de opiniões da multidão. ("Os cães ladram, a caravana passa"). Por que o povo aristocrático por excelência não faria o mesmo? Ou será que se deve objetar dizendo: *Quod licet Jovi, non licet bovi*? (O que se permite a Júpiter não se permite ao boi). Essa objeção esquece, porém, que já há muito tempo não existe na Suíça a palavra "vassalo" e que, historicamente, o comportamento psicológico da Suíça, até mesmo o das "terras vassalas", foi formado por 13 antigas localidades e não por uma só. De fato, a atitude tipicamente suíça de não se preocupar com a opinião alheia guarda uma curiosa semelhança com a do verdadeiro aristocrata. Se observarmos o homem honesto, que habita uma casinha modesta e deixa que o mundo saiba que possui sua própria consciência de valor, veremos que ele admite que as opiniões dos outros flutuem diante de si. Ele é, a seu modo, um "aristocrata" que não está "acima da massa ignara" como talvez o senhor feudal, mas "abaixo da massa ignara", o que pode parecer capcioso. Não se trata de um mero jogo de palavras. O que gostaria de dizer é que o tumulto e o alarido começam onde as oposições entram em choque, lugar este que é sempre a região mediana entre o acima e o abaixo. Acima está o nobre, abaixo o plebeu. Ambos ficam fora da confusão, um porque se encontra acima e o outro porque se acha abaixo. Como se sabe, o acima e o abaixo são complementares, o que encontramos no dito da *Tabula smaragdina:* "Céu acima, céu abaixo..."

"Nobre" e "plebeu" são juízos de valor e, por isso, subjetivos e arbitrários, o que os exclui de uma discussão objetiva. A palavra "aristocrata" também resguarda um juízo de valor. Desse modo, seria melhor falar do homem espiritual e do homem telúrico. É sabido que o espírito acha-se sempre acima, consistindo num ser aéreo, claro e dotado de fogo, num pneuma em constante movimento, enquanto a terra é sempre sólida, fria e obscura. A antiga filosofia chinesa exprimiu essa imagem eterna com os termos Yang e Yin. O homem espiritual é Yang e se caracteriza por um comportamento ditado pelas ideias (ou "espírito"). O homem telúrico é Yin e se caracteriza por um comportamento condicionado pela terra. Yang e Yin são inimigos de morte, que sempre necessitam um do outro. O homem em que prevalece a terra é determinado por um princípio arcaico que prescinde de qualquer desejo de nobreza ou grandeza e se oferece como o eterno adversário e o companheiro inseparável do espírito em movimento. O homem de Keyserling é o aristocrata Yang e o suíço, o aristocrata Yin, ao menos na sua concepção de que o suíço é o plebeu por excelência. Considero a sua avaliação correta, mas gostaria de fazer a ressalva de que esse julgamento também inclui todos os povos e elementos dos povos que a terra marcou com o selo de sua força e vigor. Refiro-me aos escoceses[2], ingleses e holandeses habitantes da costa e aos noruegueses e todos os habitantes dos Alpes.

914   A mais bela montanha suíça que se estende por quase todo o território tem o nome de "Virgem". A Virgem Maria é a patrona da Suíça a respeito da qual Tertuliano diz o seguinte: "Uma terra virgem, ainda não alagada pelas chuvas..." ("Illa terra virgo nondum pluviis rigata..."). Agostinho numa passagem diz que "a verdade brotou da terra porque Cristo nasceu da Virgem" ("Veritas de terra orta est, quia Christus de virgine natus est"). Essas palavras exprimem a lembrança ainda viva de que a mãe virgem é a terra. Desde os tempos mais remotos, o signo zodiacal da Suíça foi sempre Virgem ou Touro; ambos são chamados signos da terra, uma indicação inequívoca de que o caráter ctônico da Suíça não passou desapercebido nem mesmo para os antigos astrólogos. Da ligação com a terra advêm todas as características do suíço, tanto as boas quanto as más: seu regionalismo, a visão tacanha das coisas, a não espiritualidade, o senso de economia, a solidez, a teimosia, a recusa de tudo que é estranho, a

---

2. Conta-se num pequeno jornal de uma província escocesa que uma criança engoliu certa vez um penny. Foi imediatamente transportada para o hospital a fim de ser operada. Após um esforço penosíssimo, o médico conseguiu reencontrar o penny. Não teve nenhum prejuízo.

desconfiança e o terrível dialeto suíço, a indiferença ou neutralidade, politicamente falando. A Suíça é formada por inúmeros vales e depressões em que os agrupamentos humanos estão incrustados. Em lugar algum deparamo-nos com planícies infinitas de modo que fosse indiferente o lugar a ser habitado ou não se precisasse atentar aos locais marcados pela sombra ou pelo sol. Em lugar algum estendem-se costas vastas em que o mar arrebentasse em terras distantes. Na espinha dorsal do continente, incrustados na terra, vivem os habitantes dos Alpes como se fossem trogloditas, cercados de nações poderosas as quais se acham em ligação com o mundo imenso e vasto. São como colônias e só podem se enriquecer com os bens de seu próprio solo. Sua alma agarra-se inteiramente ao que possui, pois todos os demais são mais poderosos. Em nenhuma circunstância, ele pode admitir ver-se privado do que é seu. Seu povo é pequeno e seus domínios limitados. Se os perder, o que os substituirá?

Daí provém o ressentimento nacional que, como bem observou Keyserling, não difere muito do que experimentam os judeus. Isso se faz compreensível na medida em que o povo judeu encontra-se localizado em lugares igualmente precários, tendo sido crucial desenvolver mecanismos de proteção bastante semelhantes. O ressentimento é, na verdade, uma reação de defesa contra as interferências ameaçadoras. 915

Existem dois tipos de interferência contra as quais os suíços se mobilizam: a política e a espiritual. É fácil entender isto: ele precisa se defender ao máximo contra a interferência política e foi justamente esse "ao máximo" que resultou na arte da neutralidade. No que concerne à interferência espiritual, as razões são mais misteriosas, embora seja um fato inquestionável. Com base em minha experiência prática, pude confirmar essa característica: como pacientes, os ingleses, americanos e alemães são muito mais abertos a novas ideias do que os suíços. Para eles, uma ideia geralmente não significa um risco, ao passo que para o suíço significa. Para ele uma ideia nova é como um animal perigoso e desconhecido diante do qual resta somente se esquivar ou se aproximar com o máximo de cautela. (Isso constitui uma das razões do desenvolvimento tão limitado da intuição suíça.) 916

Tudo isso me parece correto. Não acredito na supremacia absoluta do espírito pois sou capaz de aquilatar o seu perigo. Acredito so- 917 mente na palavra tornada carne, no corpo tornado espírito, onde Yin e Yang se entrelaçam numa forma cheia de vida.

918 No espiritual reside o perigo do desenraizamento do homem, de sua erradicação da terra onde recebe as asas de Ícaro para, em seguida, afogar-se na privação de um solo. É com razão que o homem ctônico sente medo disso e se defende instintivamente e de modo "ressentido". Por outro lado, o homem espiritual teme e reluta contra a prisão que a terra impõe. Trata-se, no fundo, do mesmo preconceito que o tipo intuitivo nutre contra o tipo sensitivo. Ele o confunde com sua própria função sensitiva inferior. Evidentemente, o tipo sensitivo possui o mesmo preconceito. No confronto, ambos se sentem ameaçados, pois um não consegue compreender o outro. O outro de nós mesmos é sempre algo estranho e difícil de ser suportado. Mas se nos dispusermos a suportá-lo, conquistaremos um degrau a mais no autoconhecimento.

919 O fato de a Suíça ter reagido de maneira tão sensível a Keyserling não significa um repúdio e sim que ela vestiu a carapuça. Todos o leem e seu livro é discutido em toda reunião social. Esses efeitos, porém, jamais são unilaterais. Alguma coisa da Suíça deve ter exercido um grande efeito sobre Keyserling, como se pode observar numa leitura atenta. E essa coisa se dá apenas na Suíça.

920 Se, dentre todas as nações europeias, somos a mais retrógrada, conservadora, teimosa, autossuficiente e arisca, isso indica que, na Suíça, o homem europeu pode se sentir verdadeiramente em casa, em seu próprio centro, onde se mostra regionalista, autossuficiente, indiferente, conservador e retrógrado, ou seja, intimamente ligado ao passado, neutro frente à contradição e flutuação das opiniões mais diversas. A Suíça representaria, pois, o centro de gravidade de toda a Europa.

921 Não gostaria de parecer aquele que tenta converter os vícios nacionais em valor. Não nego a falta de virtude e o terror do caráter meramente terrestre. Tomo isso como um fato dado para então tentar descobrir o seu "sentido" europeu. Enquanto nação, não devemos nos envergonhar dessas características, pois não nos é possível modificá-las. Somente o indivíduo dispõe da possibilidade de modificação desde que consiga superar, em seu desenvolvimento psíquico, o caráter nacional. O caráter nacional é dado ao homem enquanto

destino inabalável assim como um corpo belo ou feio. A vontade do indivíduo não modela a transformação e o devir das nações. Somente o espírito e a terra, esses fatores suprapessoais, é que formam os povos mediante caminhos incompreensíveis e segundo razões obscuras. Acusar ou louvar nações seria, por conseguinte, uma atitude vã: ninguém pode modificá-las. Ademais, a "nação" (do mesmo modo que o "estado") é um conceito personificado que corresponde somente a uma certa nuança da psique individual. O ser humano é um ser individual, ao passo que a nação não pode ser considerada como um fim em si mesmo por não possuir vida própria. A nação nada mais é do que um caráter, muitas vezes um obstáculo, outras uma vantagem, sendo, no máximo, um meio para determinado fim. Por isso talvez seja uma vantagem possuir o caráter nacional inglês como um contrapeso na balança. Conta Schmitz em sua autobiografia que viajando, sabe-se lá para que país, e ao se perguntar: "O senhor é estrangeiro?", pode-se sempre responder: "Não, sou inglês"[3]. Este desembaraço pode ser mesmo invejável, mas não constitui nenhum mérito.

Ao transformar com toda coerência as nações em funções, Keyserling destrói sua substância fictícia, embora a Europa permaneça como a unidade substancial. Ele rompe a limitação nacional com a ideia de que a responsabilidade perante a nação apenas subsiste como responsabilidade perante a Europa. A nação não pode mais bastar por si própria, mas constitui uma função dentro da totalidade de um sistema de funções. Mas será que a Suíça, essa terra neutra, retrógrada e tão amarrada à terra, cumpre uma função significativa dentro do sistema europeu? Creio que essa pergunta deve ser respondida afirmativamente. Com relação às questões políticas e culturais não existem simplesmente as respostas: *espírito, progresso, transformação*. Existe também a resposta: *"Fique quieto, mantenha-se onde está"*. Devemos nos perguntar se a situação europeia tal como se apresenta desde a última guerra significa de fato uma transformação positiva. Como sabemos, as opiniões a respeito desse assunto são bastante controvertidas, o que aparece no lamento de Spengler sobre o declínio do Ocidente. O progresso também pode, como já pudemos ob-

---

3. Cf. referências.

servar, levar à derrocada. Diante de um tempo perigosamente determinado pela rapidez, talvez o "fique quieto" possa se apresentar como uma solução verdadeira. Ademais os povos encontram-se extenuados e se ressentem de uma estabilidade em termos políticos e sociais. O que não significou a Pax Romana para o império?

923   Toda vida é vida individual e aí reside o seu fim último. Gostaria de citar literalmente aqui o pensamento de Keyserling que considero de maior profundidade: "Se agora nos elevarmos até o ponto de vista mais alto que um homem atado à terra pode alcançar, poderíamos dizer: a realização das nações como tal não constitui um fim último e não poderia ser diferente. Essa vida é somente um meio para um fim maior; caso não fosse, nenhuma atitude pessimista seria suficientemente negra"[4]. Nessa perspectiva, a nação enquanto característica exterior de uma sociedade humana é apenas quantidade desprezível. O que pode significar para o indivíduo a consciência de que sua nação está ou não ruminando como uma vaca no pasto? Não é esta, muitas vezes, a pretensão dos dirigentes mais sábios? Existe tanta certeza de que esse estado de estagnação não possui qualquer valor? Uma das características mais fundamentais de toda cultura é a sua permanência enquanto algo criado e forçado pelo homem frente ao caos insensato da natureza. Cada casa, cada ponte, cada rua significa um valor de persistência contra a natureza.

924   Apesar de todas as desvantagens do caráter nacional, a estabilidade neutra da Suíça possui, no meu modo de ver, um significado bem maior do que Keyserling admite atribuir. Partindo de sua perspectiva espiritual, a Suíça pode somente aparecer como ele a descreve já que é vista de fora. Na medida em que o seu caráter terra a terra contradiz o temperamento intuitivo de Keyserling, ela se oferece como o seu antípoda. Na verdade, para ele todo ser que simplesmente é, significa uma aberração. É por isso que sente tanta indignação diante daqueles que possuem dinheiro, mas não o gastam. Por que eles deveriam despendê-lo se economizar lhes dá mais prazer? Para outros, esbanjar dinheiro é um prazer. Um teme o ficar quieto e o outro o movimento liberador almejado pelo temperamento intuitivo. O

---

4. *Das Spektrum Europas*. Heidelberg: [s.e.], 1928, p. 438.

que Keyserling censura nos suíços é, em última instância, a sua razão de ser. O caráter nacional dos suíços, formado ao longo dos séculos, não é uma construção casual, mas uma reação significativa contra as influências contraditórias, aniquiladoras e perigosas do meio ambiente. Do mesmo modo que a Suíça deve buscar compreender por que motivo um espírito como o de Keyserling a julga com tanta severidade, ele também deve tentar entender que muitas das coisas que nos impugna constituem os nossos bens mais inalienáveis.

XX

A aurora de um novo mundo[*]

925   "Aurora de um novo mundo" é o subtítulo da edição alemã do livro de Keyserling, *America Set Free,* e o resumo mais preciso desse ensaio sobre a América. Assim como o seu *Spektrum Europas* não tratava apenas da Europa, o que nesse livro está em causa não é pura e simplesmente a América. Trata-se, na verdade, da apresentação de um quadro extremamente variado, de um "espectro", de um "fantasma" que, utilizando todas as cores de um arco-íris, oscila entre o sombrio e o alegre, entre o pessimismo e o otimismo. Seu lugar de nascimento é a superfície abrasiva do continente transatlântico pelo qual caminha o espírito aéreo e criativo de Keyserling. Embora o livro seja um ser independente, traz consigo os traços do pai e da mãe, o que se evidencia, sobretudo, no fato de a América ter-se tornado, para o autor, o símbolo da aurora de um novo mundo. No início, tem-se a impressão de que a "América" é o novo mundo mas, no final, fica claro que ela também inclui em seu conceito a velha Europa. Na medida em que o livro expõe o impacto de Keyserling, ao se deparar com os Estados Unidos, a "aurora de um novo mundo" é tanto europeia quanto americana. (Um livro ainda a ser lançado tratará da América do Sul.) Esse fato merece toda consideração, visto que constitui a chave para a correta compreensão da subjetividade do livro. Ele não é subjetivo por mero acaso ou acidente, mas de caso pensado. A isso se deve o duplo aspecto da obra: a América vista através dos olhos do

---

[*] Publicado pela primeira vez em *Neue Zürcher Zeitung* (n. 2.378, 7 de dezembro de 1930. Zurique.) como recensão de Graf Hebmann Keyserling, *Amerika. Der Aufgang einer nenen Welt.*

europeu. É inevitável a transposição da psicologia europeia para os termos americanos, nascendo, dessa forma, os fascinantes e desconcertantes jogos de luz e sombra em que dois mundos fundamentalmente distintos ora são igualados, ora contrastados.

Ficou claro para mim o quanto é difícil e mesmo impossível apreender inteiramente o que se nos apresenta como o outro, o estranho, e expor essa diferença de modo a esgotá-la. Uma comparação meramente subjetiva permaneceria na superfície das coisas. Assim, aquele que tenta empreender esse tipo de comparação precisa se valer também de sua subjetividade a fim de produzir uma imagem que realmente exprima esse estranho. Keyserling nunca deve ser lido na expectativa de que aquilo que diz seja realidade ou de que ele próprio acredite que seja. Por mais vivas e determinadas que possam soar suas afirmações, elas jamais se hipostasiam. Ele simplesmente emite sua opinião e frente a isso resta-nos apenas a gratidão. O livro é atravessado por uma quantidade imensa de opiniões bastante sérias, justas e dignas de consideração que constituem um material extraordinariamente rico para a reflexão mesmo que não se concorde com elas. Com base em minha experiência sobre a essência americana não possuo quase nenhuma objeção fundamental às concepções de Keyserling. Questiono, no entanto, seus pronunciamentos a respeito de um terreno tão aleatório como o dos prognósticos. A exceção desse ponto, considero sua descrição da América de grande alcance. O que logo de início nos chama atenção é o fato de permitir que a *terra* americana se pronuncie, o que já não ocorre no seu *Spektrum Europas*. Decerto, a imensidão e a grande massa do continente devem tê-lo impressionado, muito. Ele se dá conta de seu caráter ainda não "humanizado" de mundo primitivo. Mas o que lhe falta é a percepção da "atmosfera psíquica" na paisagem norte-americana. "Os deuses ainda não nasceram do enlace entre o continente e o homem." A América "ainda não tem alma", pois os conquistadores arrancam do solo estranho o seu corpo mas não a sua alma (p. 32, 35).

Esse julgamento categórico soa, certamente, com muita dureza, mas com isso Keyserling se aproxima de algo bastante correto e cujo conhecimento oferece uma chave essencial para a compreensão das bases recônditas da psicologia americana. Embora sua análise não alcance tais níveis de profundidade, movimentando-se somente no vasto campo da fenomenologia da América, ela oferece uma matéria inesgotável para a consideração psicológica. A imensidão da massa continental produz, segundo o autor, uma atmosfera que muito se assemelha à da Rússia e da Ásia Central. Essa comparação ousada constitui um *leitmotiv* do livro, sempre recorrente na discussão dos paralelos contrastantes entre o privatismo americano (socialismo) e o bolchevismo soviético. "O espírito próprio da América é a vastidão. Nisso encontra grande semelhança com o espírito da Rússia e da Ásia Central, embora se distinga muito do europeu." Nesse sentido lhe parece legítimo estabelecer uma comparação entre a América e a China, mas não com a Europa (p. 81). A América "não deve envergonhar-se de seu Babbit**. Babbit é hoje o representante mais saudável e confiável de todo o continente", porque forma o tipo mais próximo da terra. Esse tipo haverá de sobreviver e, com o tempo, fazer desaparecer todas as influências europeias, sobretudo as anglo-saxônicas (p. 79).

928   Espíritos filosóficos como Emerson e William James são para Keyserling "ideólogos contrastantes". John Dewey, porém, é considerado o "americano mais representativo" e as razões que fundamentam essa opinião não são nada más. Ele vê, de modo igualmente convincente, o fundador do "behaviorismo", John B. Watson, como o psicólogo americano e acrescenta que a sua "psicologia" se aplica tão pouco aos europeus quanto a filosofia de Dewey. Em seu entender, Dewey fala bem mais para os asiáticos (China e Rússia), considerando-se que a sua filosofia é "psicologia voltada para a educação". A importância de Dewey estendida até a Ásia (a reforma educacional na China, por exemplo) confirma a curiosa semelhança entre as situações psíquicas de ambos os países a despeito de tantas diferenças. Keyserling, em minha opinião, aqui toca num ponto essencial pois, tanto para a Ásia quanto para a mistura caótica de raças e culturas que compõem a massa imigrante americana, a questão é fundamentalmente um problema social de educação. Os imigrantes europeus rejuvenescem no solo americano já que nessa atmosfera primitiva podem retornar às formas psicológicas da juventude, surgindo assim a psicolo-

---

** *Babbit* é o *título* de um romance de Sinclair Lewis, que trata satiricamente da burguesia americana, de seus valores e ideais [N.T.].

gia adolescente com todos os problemas educacionais que comporta. As condições morais da juventude americana do pós-guerra representam, de fato, uma imensa tarefa educacional em que as questões culturais mais candentes na Europa possuem, inevitavelmente, menor importância.

Para Keyserling o motivo condutor da moralidade americana é o ideal de um padrão de vida elevado. Tanto a ideia de "serviço social" como a de conforto geral exprimem esse motivo. Esse ideal é por ele denominado "ideal-animal". Que animal, desde que lhe fosse dado pensar, não abraçaria a bandeira do ideal do padrão de vida mais elevado possível? – pergunta Keyserling. É esse ideal que constitui o principal cerne da cosmovisão tipicamente americana, ou seja, do "behaviorismo". Watson apresenta-se, portanto, como "um dos principais representantes daquilo que os Estados Unidos propõem em termos espirituais no século XX". A atitude básica do behaviorismo estabelece, ao mesmo tempo, a ponte espiritual com a psicologia bolchevista. Apesar de todas as atividades e ocupações, o americano se oferece como o "homem espiritualmente mais passivo" e "a civilização americana como... a mais uniforme já vista... Assim como o ideal de saúde contribui para a animalização do americano, assim também o seu ideal de educação não passa de uma espécie de *training* que se aplica aos animais" (p. 159, 163, 174, 175, 185).

929

A falta de autoridade do Estado vai ao encontro dessa situação espiritual. "Estado e governo não são considerados como um organismo acima do homem privado. São vistos muito mais como os executores de sua vontade... Todo cidadão americano regozija-se do imenso poder que a união possui hoje em dia e se empenha, ao máximo, por assegurar o seu prestígio no exterior. No que diz respeito a sua própria pessoa, porém, essas instâncias aparecem de modo inteiramente distinto. Em casa ele é, em primeira e última instância, um privatista." Os Estados Unidos consistem num "gigantesco cantão Appenzell – que é a província mais provinciana da Suíça" (p. 232, 233, 234).

930

Não faltam no livro os ditos espirituosos. Ouvimos considerações sobre os clubes de senhoras, essas "tias da nação", que, pelo bem da nação retiram das mãos dos pequenos sobrinhos travessos o álcool nocivo à saúde, ou ainda sobre a psicologia do "jardim de infância"

931

dos americanos adultos, além de várias outras ironias igualmente divertidas e pertinentes (p. 279s., 263, 262-282).

932   O que há de melhor no livro é, a meu ver, o capítulo intitulado "A criança mimada". A América é "no fundo a terra da criança mimada", que aqui significa não só a juventude da nação, mas também a tentativa de perpetuar essa juventude. O que Keyserling analisa nesse capítulo sobre a relação entre os sexos e os membros familiares, sobre os pais, os casais, o casamento, a educação dos filhos, a feminização do homem e a masculinização da mulher é de grande valor tanto no que diz respeito à América como no que se refere a nós, os europeus modernos, que podemos extrair daí um grande aprendizado. Aquele que ainda não se deu conta pode aproveitar para perceber com clareza de que modo o americanismo está contaminando as altas classes sociais da Europa, e como o bolchevismo asiático vem alcançando nosso comunismo europeu. A Europa está tendendo, de forma perigosa, a se colocar como um hífen entre duas grandezas heterogêneas – a América e a Ásia. Ainda não chegamos a ponto de dizer que entre a americanização e o bolchevismo reste apenas a "escolha temerosa" para os europeus. Graças a Deus, a Europa ainda existe por si e para si mesma. É preciso, no entanto, que se perceba com toda clareza quão desenvolvida se acha a americanização da classe social dominante. É nesse sentido que desejo um público atento às considerações de Keyserling tanto na Europa quanto na América. Mesmo que muitas vezes ele assuma o tom de um cão irado, sacudindo impiedosamente sua vítima, ou de um professor da humanidade dando bons conselhos às crianças acerca de sua caminhada na vida, é preciso evitar a irritação, pois, em termos essenciais, ele nos apresenta algo de positivo. Quantas vezes ele não fala com razão! É bem verdade que todas as afirmações sobre a América, na medida em que partem de um ponto de vista europeu, podem ser arbitrárias como resultado de uma visão distorcida ou incorreta. Todavia, o europeu que se dispõe a refletir pode extrair dessa leitura um grande estímulo, não só no que concerne à essência europeia coletiva, mas também à sua essência enquanto homem singular. O americano é também, em última instância, um homem como nós e seus ideais e exigências morais participam da mesma era cristã que a nossa. A crítica a eles dirigida refere-se, portanto, igualmente a nós. Isso salta aos olhos do leitor sobretu-

do no último capítulo, "Espiritualidade". Aparentemente parece tratar apenas da América mas, na verdade, Keyserling anuncia aqui sua profissão de fé e sua esperança de futuro que, num sentido mais elevado, reporta-se mais à Europa do que propriamente à América, apesar de tratar com profundidade do homem americano e de sua vivência nessa era.

Apenas na leitura desse capítulo pude me dar conta de quanto Keyserling é o porta-voz do espírito coletivo. Poder-se-ia facilmente esperar do conde Keyserling, do "aristocrata intelectual", pronunciamentos afetados, pairando nos altos voos do espírito acadêmico. Mas esse não é absolutamente o caso. Ao contrário, ele nos fala de coisas que permanecem distantes e mesmo desprezadas ou desconhecidas pelo espírito acadêmico. Trata de coisas que *realmente* concernem à psique do homem moderno, coisas que não se acham na superfície, mas são vistas apenas por aqueles que investigam as dimensões mais profundas. Sua palavra é dirigida a homens que habitualmente não falam muito alto. Os "silenciosos na terra" são mais numerosos do que os ruidosos. Nesse último capítulo, Keyserling fala a partir das dimensões mais profundas e se dirige a elas. Aqui ele deixa de ser brilhante, assombroso para ser aquele que atinge o cerne das coisas. Observa-se como surge então um Keyserling que, ao falar com a voz de muitos, exprime uma grande era de mudanças. O homem desse tempo partirá inquestionavelmente dele quando se dispuser a compreender a crença e a vivência individual de um credo. Tem início o indivíduo singular, "senhor de si mesmo, livre das correntes da tradição, capaz de apreender e compreender individualmente as antigas verdades, anteriormente aceitas em sua autoridade. Pois quando as antigas formas caem por terra, principiam as minorias avançadas, aquelas que vivenciam seu sentido essencial, sua substância viva e imortal de maneira mais profunda do que o realizado desde os dias áureos do cristianismo em que os pensadores gregos elaboravam sua cosmovisão. Isso significa nada mais nada menos de que a era do Espírito Santo está agora emergindo" (p. 462).

Quem poderia ter pensado isso, ou melhor, quem pensa propriamente assim? Quem são essas "minorias avançadas"? Onde se pensa desse modo? Posso adiantar uma pista dessa incógnita: são os seus vizinhos mais próximos dos quais nada se costuma esperar. Sim, o seu

José e o seu João também pensam assim. Algumas vezes eles têm consciência disso, outras não. Se sabem, guardam esse segredo ainda mais cuidadosamente do que o fariam com o pior dos escândalos. A vergonha hoje em dia não mais esconde a esfera antiquada da castidade, mas sim a espiritualidade. Existem presentemente inúmeras pessoas que fazem experiências "espirituais" e, conscientes de seu comportamento vergonhoso e ilegítimo, fecham os olhos para si mesmas. O número de pessoas assim justifica os pronunciamentos tão confiantes de Keyserling que deve saber como todas as igrejas, academias, governos e sociedades anônimas sacodem suas veneráveis e sábias cabeças em tom de desaprovação quando afirma essas coisas inauditas e inacreditáveis. Mas quantos desses "silenciosos na terra" ousariam cumprimentar democraticamente o conde por suas declarações?

XXI

Um livro novo de Keyserling
"A revolução mundial e a responsabilidade do espírito"*

O fato de Keyserling dirigir-se a seus leitores em francês nesse mais recente livro intitulado *La révolution mondiale et la responsabilité de l'esprit* constitui, decerto, um sinal dos tempos. Vemo-nos transportados para a Alemanha do século XVIII em que tanto os governantes como os filósofos e eruditos preferiam fazer uso da língua francesa, mais rica em distinções, erudição e elegância, em lugar da língua alemã, caracteristicamente mais complexa, rude e ingênua, recobrindo desse modo os temas abordados com uma delicada veste de domingo. A "revolução mundial" não é, todavia, um tema adequado para tal espécie de atitude passadista. O fato de o autor escrever em francês se justifica a partir de motivos inteiramente diversos. Eu teria, contudo, preferido o livro em alemão, pois, em minha modesta opinião, o espírito do livro difere radicalmente do espírito francês. Já o título "... *a responsabilidade do espírito*" exprime uma dimensão ética que dificilmente transparece na palavra francesa *esprit*. A figura de Keyserling em trajes franceses nos causa estranheza. O alemão ou o russo exprimiriam talvez bem melhor a singularidade de seu espírito.

---

* "La révolution mondiale et la responsabilité de l'esprit". Esse ensaio de Jung foi publicado pela primeira vez sob o título: "Ein neues Buch von Keyserling" (Um novo livro de Keyserling). *Basler Nachrichten, Sonntagsblatt*, n. XXVIII, 13 de maio de 1934. Basileia. [Resenha do livro *La révolution mondiale et la responsabilité de l'esprit*, do conde Hermann Keyserling.]

Ou ainda, se o seu público fosse constituído de chineses ou de pessoas capazes de ler em chinês, ele bem poderia ter utilizado os hieroglifos chineses, o que teria sido de grande proveito tanto para ele próprio como para seus leitores.

936 Os caracteres chineses consistem numa estrutura de sentido sumamente complexa na qual, muitas vezes, veem-se reunidas famílias inteiras de conceitos. Tais caracteres teriam sido extremamente apropriados para transmitir com fidelidade a diversidade infinita e cintilante das ideias de Keyserling e, por serem bastante vagos, comunicar a gama de impulsos e flashes intuitivos tão característicos de sua mente. Esse recurso teria dado ao leitor a satisfação de acreditar que percebera tudo isso. Mas em francês a impressão é de que somente o autor pode percebê-lo.

937 O livro apresenta a reação de Keyserling diante da situação do mundo atual num tom análogo ao empregado no livro *Süddmerikanische Meditationen* (meditações sul-americanas) em que descreve o impacto provocado pelo continente sul-americano, esse continente não controlável pelo espírito. Desse livro, que lhe é anterior ao que nos ocupa, nasceram, sem dúvida, as "forças telúricas" cuja revolta é apreendida pelo autor como a causa e o conteúdo da crise *europeia*. Essas se lhe apresentam – recordando certamente o mundo da "gana" (= desejo, apetite) sul-americana – como forças passivas não só carentes de direção do espírito como também capazes de recebê-la. A crise mundial, o espiritualismo e o telurismo constituem os pressupostos básicos de todo o livro num contraponto contínuo. O epíteto de Nietzsche dado ao cristianismo, "insurreição de escravos na moral", transforma-se aqui em insurreição da massa contra o espírito. Keyserling é suficientemente paradoxal e clarividente para perceber essa "revolta" não apenas em sua manifestação negativa, mas também em sua positividade, pois a revolta do homem "telúrico" traz também consigo um florescimento da "fé e da coragem". Como diz o autor: "As expressões primordiais do espírito... são a coragem e a fé e o seu eterno protótipo é o espírito religioso"[1]. É inevitável uma certa

---

1. "Les expressions primordiales de l'esprit... sont le courage et la foi, et son prototype éternel est l'esprit religieux" [em francês no texto].

barbarização, mas "o renascimento da fé cega... é simplesmente um sinal de rejuvenescimento e, assim, de aumento de vitalidade"[2].

Na busca de um parâmetro para os eventos contemporâneos, Keyserling faz alusões ao surgimento do islamismo e, sobretudo, do cristianismo. A seu ver, a questão não é mais a dos acontecimentos sociais e políticos ou mesmo de um princípio condutor como, por exemplo, a planificação da economia etc., e sim a de uma transformação no seio do mundo, uma "transformação de sentido". Ao dispor o quadro de nosso mundo numa moldura extraordinariamente vasta, preenchendo-a com múltiplos e diversos aspectos e relações, o autor expressa a herança tão misturada de que ele é fruto. A disparidade de raças, povos, assim como a herança de tantos níveis culturais, possibilitam em Keyserling matizes inauditos de reações e ângulos de visão que engendram, não apenas nesse, mas em todos os seus livros, uma multiplicidade cintilante de configurações. É a partir da experiência mais íntima e profunda que diz: "A partir daí, existe apenas uma atitude profícua: aceitar a natureza humana tal como é, em toda a sua diversidade de camadas e em todo o seu estranho desequilíbrio"[3].

Embora essa afirmação seja verdadeira para o autor, ela não é para a massa. Em relação à massa, dever-se-ia usar a palavra "uniformidade", ao invés de diversidade, e "equilíbrio desesperançado" em lugar de desequilíbrio. As massas, como sabemos, seguem apenas a lei da inércia e, quando perturbadas, buscam restabelecer com a maior rapidez possível o ponto de equilíbrio, por mais desconfortável que seja. As massas são, nesse aspecto, extremamente "telúricas". Não é pois de surpreender que, para o autor, as "forças telúricas" se ofereçam como o não espiritual por excelência. O "espírito" constitui o polo extremo oposto. Essa compreensão é bastante ocidental, embora Keyserling se oponha à filosofia clássica que, segundo ele, "irrealiza" essa contraposição ocidental. A questão que se coloca, porém, é se essa oposição entre céu e terra sempre se dá ou se, em última ins-

---

2. "La renaissance de la foi aveugle... est simplement un signe de rajeunissement et, par conséquent, de vitalité accrue" [em francês no texto].

3. "Dès lors, il n'y a qu'une attitude qui soit la bonne: accepter la nature humaine telle qu'elle est dans toute sa diversité de couches et tout son étrange déséquilibre" [em francês no texto].

tância, o I Ching não tem razão em supor que a repulsão e oposição entre céu e terra se dá apenas ocasionalmente. A sabedoria chinesa entende esse estado como uma perturbação passageira que contradiz as ordens celestes. Céu e terra são copertinentes, Yin e Yang geram-se e devoram-se mutuamente em consonância com a ordem celeste das coisas. Enquanto o europeu só consegue ver o crocodilo como um animal terrível, devorador de homens, o negro primitivo o vê de maneira inteiramente distinta. Em sua compreensão, o crocodilo devora os homens apenas eventualmente, pois é levado a isso quando atacado por algum mago inimigo. Aquele, porém, que for irmão do crocodilo não correrá perigo algum. O Ocidente também perpetuou a oposição eventual entre céu e terra que se manifesta num conflito ético constante. O chinês acredita no "espírito de gravidade" e o dragão, que para nós é sempre pensado numa sinistra caverna, funciona para ele como um alegre fogo de artifício no céu com o poder de expulsar a magia do espírito do mal. O "espírito" não significa para ele ordem, sentido ou qualquer bem possível, mas um poder de fogo, muitas vezes perigoso.

940   É possível objetar que as "forças telúricas" não são, de modo algum, destituídas de espírito e sim dotadas de um espírito perigoso, na verdade, de um espírito tão forte que o espiritualismo ocidental precisaria concentrar todos os seus esforços para refletir acerca da sua responsabilidade e elaborar, como no livro de Keyserling, uma lista dos "deve-se", "é preciso", se bem que, como observa resignadamente o autor, isso "tenha um êxito muito limitado".

941   Acho que Keyserling faz um uso excessivo do espírito que esteve e ainda se encontra numa posição irreconciliável com a terra. Supor a natureza humana tal como ela é significa então ingerir "os 80% de essência telúrica" como um remédio amargo, por mais destituído de espiritualidade que isso seja. Parece mesmo que, dessa vez, a terra tem algo a dizer aos céus e que, com isso, o espírito aéreo teria que aprender a obedecer. Quando Keyserling espera salvar o "espírito", clamando pelo "entendimento criador", tenho a impressão de que ele se encontra aprisionado na ideia tão característica dos séculos XVIII e XIX de que tudo é passível de compreensão. A terra, contudo, haverá de nos mostrar que existem épocas e situações em que o espírito se vê totalmente obscurecido por necessitar de um renascimento. Não

se deve tentar escapar dessa força mediante o "entendimento". Tampouco a tentativa de se manter oscilante sobre as ondas do caos, adotando uma atitude positiva em relação a tudo, pode constituir uma solução. ("O que hoje se faz necessário é uma atitude absolutamente positiva frente àquilo que, no plano empírico, é diferente de si")[4]. As "forças telúricas" tentarão com todo vigor nos demover da antiga convicção de que somos racionais, espirituais, capazes de compreensão, positivos ou Deus sabe o quê. Keyserling qualifica o "pragmatismo americano" de "profundamente antiespiritual" (espero, aliás, que ele não esteja pensando em William James). Sua "atitude positiva", porém, coloca em perigo o seu espírito que, ao fazer tudo para não capitular, pode sucumbir num pragmatismo como o de Schiller.

Como então haverá de se dar essa renovação religiosa, pressuposta por Keyserling como necessária e iminente, sem o desaparecimento de nosso tão venerado espírito com seu afã de tudo compreender, de reservar em tudo um lugar para si e, sobretudo, de se sentir eticamente responsável por tudo? Na verdade, ele já se tornou um espírito humano, falível e limitado que agora "necessita de uma morte" para se renovar, já que isso ele não pode fazer por si mesmo. O que significa o poder das "forças telúricas" senão que o "espírito" cresceu mais uma vez fraco porque demasiado humano?

942

Keyserling retoma a ideia do mosteiro da cultura de Nietzsche estimulado pelos *Entretiens sur l'avenir de l'esprit européen* organizados pelos franceses sob a presidência de Paul Valéry que tiveram lugar em Paris durante o mês de outubro de 1933[5] e que constituíram o solo do qual nasceu a sua "revolução mundial". "Em suma, a solução que preconizamos possui uma grande analogia com a que foi apresentada pelos mosteiros no início da Idade Média." Mas que espíritos devem aderir às novas ordens? "Quais seriam os homens capazes de

943

---

4. "Ce qu'il faut aujourd'hui, c'est une attitude absolument positive vis-à-vis de tout ce qui, sur le plan empirique, est différent de soi" [em francês no texto].

5. Foi o terceiro de uma série de "Interlóquios" organizados pelo Comitê permanente de arte e literatura da Liga das Nações e conduzidos pelo Instituto Internacional de Cooperação intelectual em diferentes países de 1932 a 1938. Keyserling representou a Alemanha no encontro referido. Cf. VALÉRY, P. *History and Politics*. Nova York/ Londres: [s.e.], 1962, p. 531s. e 541s. [apud KEYSERLING, G.H. p. 107].

polarizar as massas compactas que determinam a história atual? Ora, são justamente os espíritos que descrevemos: absolutamente livres, altaneiramente independentes, unicamente interessados na qualidade, conscientes de sua unicidade, refratários a toda autoridade exterior, orgulhosos de constituírem uma pequena minoria, tão ativos espiritualmente quanto as massas são passivas. São os homens cuja consciência possui naturalmente o seu centro num nível superior ao das contingências telúricas, à terra, à raça, às necessidades sociais e políticas; homens cujas aspirações profundas encontram-se inteiramente livres de todas as considerações exteriores tais como glória, influência, posição: enfim, ascetas de um novo tipo, formando uma nobreza de tipo inédito[6]."

944   Do mesmo modo que o acúmulo de pinturas dos grandes mestres no museu é uma catástrofe, a reunião de cem cabeças importantes também resulta numa só cabeça enferma. Uma ordem, porém, é composta, em primeiro lugar, pela graça divina e, em segundo, por um número majoritário de pessoas as mais insignificantes. Essas almas nobres que desfilam diante dos olhos do autor só fundariam uma ordem ou, ao menos, seriam aceitas em alguma (de acordo com o elenco de qualidades reivindicadas pelo autor), se fossem capazes de adquirir consciência de sua falta de liberdade, de reconhecer humildemente sua dependência, de esquecer, por assim dizer, a sua unicidade, de saber adaptar-se às forças exteriores, de suportar sua minoria, de ter seu centro natural de consciência na terra, na raça e nas necessidades sociais e políticas e se, mediante a presença de Deus, que curiosamente sempre se anuncia em tempos de grande indigência, bro-

---

6. "En somme, la solution que nous préconisons a beaucoup d'analogie avec celle que présentaient, au début du Moyen Âge, les monastères. – Quels seraient les hommes capables de polariser les masses compactes qui déterminent l'histoire actuelle? Mais ce sont précisément les esprits que nous avons décrits: absolument libres, hautainement indépendants, uniquement intéressés à la qualité, conscients de leurs unicité, réfractaires à toute autorité extérieure, fiers d'être une toute petite minorité, aussi actifs d'esprit que sont passives les masses. Ce sont des hommes dont la conscience a tout naturellement son centre à un niveau supérieur aux contingences telluriques, à la terre, à la race, aux nécessités sociales et politiques; des hommes dont les aspirations profondes sont absolument libérées de toutes considérations extérieures, telles que gloire, influence, position: bref, des ascètes d'un nouveau genre, formant une noblesse d'un type inédit."

tasse interiormente uma necessidade comunitária verdadeira a partir da experiência profunda da nulidade da existência humana.

Enquanto eu não vir o nosso respeitável autor, o conde Keyserling, como irmão leigo, desempenhando os serviços de cozinha no mosteiro da cultura, não poderei acreditar na possibilidade dessa ideia. Creio inclusive que o leitor que tomar essas ideias ao pé da letra estará cometendo uma injustiça com o próprio livro. As ideias são imagens e não a essência; são símbolos ou mesmo sintomas. Tomá-las literalmente significa vedar o acesso ao mundo das ideias de Keyserling. Ele é propriamente o porta-voz do espírito de nosso tempo, ou melhor, do espírito do tempo dos homens espirituais. Nessa perspectiva de leitura, nem mesmo o mosteiro da cultura apresenta dificuldades de compreensão na medida em que se revela como um sintoma da disposição quiliástica, da qual nenhuma pessoa consciente de hoje pode escapar. O tempo é tão grande quanto o vemos e, na grandeza do tempo, cresce o homem. O talento mediúnico de Keyserling recompõe os fragmentos de pensamento esparsos e fluidos de toda uma época, tal como faz Ortega y Gasset, condensando-os num único discurso para os contemporâneos, falando através de mil línguas enquanto expressão sintomática do espírito coletivo. Isso explica o fato de cada um redescobrir nesse discurso a sua própria voz. Na medida em que é de inestimável valia saber o que se está pensando (o que nem sempre acontece!), acho que esse livro deveria ser lido com muita assiduidade. Não existe qualquer outra obra que descreva as atmosferas espirituais de nosso tempo de modo tão abrangente e perspicaz do que *A Revolução Mundial*.

Referências

ECKHART, Mr. *Schriften und Predigten*. 2. ed., 2 vol. Jena: [s.e.], 1909-1912 [Traduzido do médio alto-alemão e publicado por Hermann Büttner].

EDDA, D. *Götterlieder und Heldenlieder*. Leipzig: [s.e.], [s.d.] [Traduzido do antigo nórdico por Hans von Wolzogen].

ENTRETIENS. *L'avenir de l'esprit européen*. Paris: Liga das Nações/Instituto Internacional para a Colaboração Cultural, 1934.

FLÁVIO JOSEFO. *Des fürtrefflichen jüdischen Geschichtschreibers F' J' sämmtliche Werke*. Tübingen: [s.e.], 1835 [Org. por. J.F. Cotta].

FÖRSTER-NIETZSCHE, E. (org.). *Der werdende Nietzsche*. Munique: [s.e.], 1924.

GOETHE, J.W. von. *Faust*. Gesamtausgabe Insel. Leipzig: [s.e.], 1942.

_____. *Werke*. Vollständige Ausgabe letzter Hand. 30 vol. Cotta/Stuttgart/Tübingen: [s.e.], 1827-1835.

GOETZ, B. *Deutsche Dichtung*. Ursprung und Sendung. Lucerna: [s.e.], 1935.

_____. *Das Reich ohne Raum*. Roman. Potsdam: [s.e.], 1919 ["Neue unverstümmelte Ausgabe" com o subtítulo: "Eine Chronik wunderlicher Begebenheiten". Constança: [s.e.], 1925].

HAUER, (J.) W. *Deutsche Gottschau*. Grundzüge eines deutschen Glaubens. Stuttgart: [s.e.], 1935.

JAHRBUCH, Basler 1901. Org. por Albert Burckhardt e Rudolf Wackernagel. 1901. Basileia [Briefe Jakob (sic) Burckhardts an Albert Brenner, mit Einleitung und Anmerkungen von Hans Brenner, p. 87-110].

JUNG, C.G.* *O eu e o inconsciente* [OC, 7/2].

_____. *Psicologia e religião* [OC, 11/1].

---

* Obras citadas neste volume em ordem cronológica.

_____. *Tipos psicológicos* [OC, 6].

_____. *A energia psíquica* [OC, 8/1].

_____. O desenvolvimento da personalidade [OC, 17].

_____. *Psicologia do inconsciente* [OC, 7/1].

JÜNGER, E. *Auf den Marmorklippen.* Erlenbach-Zurique: Rentsch, 1942.

KEYSERLING, G.H. *La révolution mondiale et la responsabilité de l'esprit.* Paris: [s.e.], 1934.

_____. *Südamerikanische Meditationen.* Stuttgart: [s.e.], 1932.

_____. *Amerika.* Der Aufgang einer neuen Welt. Stuttgart/Berlim: [s.e.], 1930.

_____. *Das Spektrum Europas.* Heidelberg: [s.e.], 1928.

LE BON, G. *Psychologie der Massen.* 2. ed. Leipzig: [s.e.], 1912 [Tradução: Philosophisch-soziologische Bücherei XI].

NIETZSCHE, F. *Also sprach Zarathustra.* Ein Buch für Alie und Keinen. Werke VI. Leipzig: [s.e.], 1911.

_____. *An den Mistral. Ein Tanzlied.* Werke V. Die Fröhliche Wissenschaft. Leipzig: [s.e.], 1900.

_____. *Dichtungen.* Werke VIII. Leipzig: [s.e.], 1899.

_____. *Die Geburt der Tragödie.* Werke I. Leipzig: [s.e.], 1899.

_____. *Jenseits von Gut und Böse.* Vorspiel einer Philosophie der Zukunft. Werke VII. Leipzig: [s.e.], 1899.

NINCK, M. *Wodan und germanischer Schicksalsglaube.* Jena: [s.e.], 1935.

NOSTRADAMUS, M. *Les prophéties de Maistre Michel Nostradamus.* Bildgetreuer, vergrösserter Abdruck einer Ausgabe der "Prophéties" erschienen bei Benoist Rigaud, Lyon, unter dem Datum 1568. Frankfurt a.M.: [s.e.], 1940.

PARACELSUS [Theophrastus Bombastus von Hohenheim]. *Sämtliche Werke.* 15 vols. Munique/Berlim: [s.e.], 1922-1935 [Org. por Karl Sudhoff e Wilhelm Matthiesen].

_____. *Tractatus de ente Dei.* In: PARACELSUS. *Sämtliche Werke.* Vol. I. Munique/Berlim: [s.e.], 1922-1935.

_____. *Labyrinthus medicorum errantium*. Vom Irrgang der Ärzte. Das acht capitei. Vom Buch der theorica medica, wie die genomen sol werden. In: PARACELSUS. *Sämtliche Werke*. Vol. XI. Munique/Berlim: [s.e.], 1922-1935.

REIWALD, P. *Vom Geist der Massen*. Zurique: [s.e.], 1946.

SCHMITZ, O.A.H. [Autobiographie I:] Die Geister des Hauses; Jugenderinnerungen. [II:] Dämon Welt; Jahre der Entwicklung. [III:] Ergo sum; Jahre des Reifens, 3 vols. Munique: [s.e.], 1925-1927.

VALÉRY, P. *History and Politics*. Nova York/Londres: [s.e.], 1962 [Trad., X (Bollingen Series)].

WILHELM, R. *O segredo da flor de ouro* – Um livro de vida chinês. Petrópolis: Vozes, 2010 [Trad. de Dora Ferreira da Silva e Maria Luíza Appy. Com um comentário europeu de C.G. Jung].

Índice onomástico[*]

Agostinho, S. 914

Badrutt, H. 909
Bernoulli, C.A. 909
Bismarck, O.E.L. 425
Burckhardt, J.J. 434

Chamberlain, H.S. 389
Chamberlain, N. 420s.

Dewey, J. 928

Eckhart, M. 397, 440
Emerson, R.W. 928

Flávio Josefo 414
Förster-Nietzsche, E. 382

Gengis Khan 907
George, S. 375
Goebbels, J. 420, 472
Goethe, J.W. 397[14], 417
- Fausto 423, 426, 434, 439
Goetz, B. 384, 391[11]
"Gdring, H. 420
Gustloff, W. 397[14]

Hauer, W. 397s.
Heine, H. 417
Himmler, H. 410
Hitler, A. 373, 386, 389, 410, 418, 420s., 437, 452, 455, 472

James, W. 928, 941
Joyce, J. 430
Jung, C.G.
- Aspectos do drama contemporâneo 371, 400
- O eu e o inconsciente 460[3], 460[4], 467[11]
- Psicologia e religião 463[8]
- Tipos psicológicos 460[4]
- Terry Lectures 463[8]
- A energia psíquica 468[12,13]
- Psicologia do inconsciente 467[10]
- Da formação da personalidade 471[16]
Jung e Wilhelm, R. 470[15]
Jünger, E. 435

Keyserling, G.H. 903-924, 925-934
Klages, L. 375

Langmann, P. 397[14]
Le Bon, G. 477

---

[*] Os números referem-se aos parágrafos. Os números em índice referem-se às respectivas notas.

Lutero, M. 382

Mussolini, A. 420
Mussolini, B. (Duce) 397, 420

Napoleão 907
Niemöller, M. 429a
Nietzsche, F. 375s., 379, 382s., 432-434, 937, 943
- Assim falou Zaratustra 376[5], 381[9], 417, 439
Ninek, M. 392
Nostradamus, M.M. prefácio[1]

Ortega y Gasset, J. 945

Paracelsus, T. 431
Platão 408

Reiwald, P. 477[18]

Schiller, F. 941
Schmitz, O.A.H. 921
Schuler, A. 375
Schweitzer, A. 912
Sócrates 907
Spengler, O. 922

Tertuliano 914

Valéry, P. 943

Wagner, R. 383, 432
Watson, J.B. 928
Wilhelm, R. 470

Índice analítico[*]

Abissínia 371[2]
Adequação 483
Adivinho 376
Adolescência 928
Ahasverus 374
Alá 398
Alberich 389
Alemanha, alemão prefácio, 371-443, 448-487, 907
- pacientes na 447, 458, 472
Alma 408, 434, 926
- dos povos 907
Alpes, habitante dos 913
América, americanismo 925-934
Amonita 398
Amor, Deus Do (cf. Eros) 393
- Do Próximo 427
Animal 908, 929
Antigo Testamento 397[13]
Antissemitismo 374
Apoio, apolíneo 375[3], 391
Ariano 389
Arquétipo, arquetípico 447, 451, 461, 474
- definição 395
- de Wotan 391

Arrependimento 483
- confissão de 482
Arte 430
Ásia, asiático 928, 932
Assassinato, assassino 408, 416, 430, 465
Astrologia, astrólogo 914
Atitude, 913
Átomo, energia atômica 485
Auschwitz 404
Áustria 908
Autoconhecimento 918

Baldur 397[13]
Bélgica 479
Bem 438
- e o mal 410, 434, 461, 474
Bestie blonde (besta loura) 432, 447, 459
Biologia, biológico, prefácio
Boêmia 479
Bolchevismo 469, 927
Buchenwald 404, 427

Caça, caçador 374, 380, 434
Campo de concentração 404

---

[*] Os números referem-se aos parágrafos. Os números em índice referem-se às respectivas notas.

Caos 941
Causalidade 447
China, chineses 913, 927, 935, 939
Coletivo, coletividade 460, 462-463, 471, 932
Compensação, compensatório 416, 448, 462
Complexo 456
Comunismo 932
Consciência, consciente 375[3], 388, 408, 440, 446, 448, 450, 451, 458, 461, 463, 471, 473, 483
Consciência moral 94
Contos, lendas 447
Contraposição 939
Cosmovisão, prefácio 458
Criador 375[3]
Criminoso 408, 417, 439
Cristianismo, cristão 374, 384, 390, 397, 398, 404, 433, 458, 932, 938
Cristianismo alemão 397
Cristo 374, 389, 397[13], 434
- e Wotan 373
Crocodilo 939
Crono 394
Ctônico 431, 914
Culpa (cf. pecado) 402, 409, 417, 440, 475a
- consciência da 482-483
- coletiva 402, 430, 443, 475a
Cultura 375, 389, 404, 462, 476, 487, 923, 928
- mosteiro da 943
- nação, povo 371, 373, 472

Delírio 393
Democracia 455
Demônios 434

Depressão 447
Desejo 393
Destino 393, 410, 437, 452, 921
Deus, deuses, divino 372, 376, 383, 392, 397, 431, 434, 944
Diabo, pacto com o 374, 389, 423, 434
Dioniso 373, 375[3], 375, 383, 391, 394
- Zagreu 434, 436
Dissociação 476
Doença mental 408, 436
Dragão 939

Édipo 459
Educação 928
Eisleben 382
Emoção, emocional 393
Energia 423
Energético 423
Entendimento 387
Eros 375
Errante 373, 391[11], 393
Escócia, escoceses 913
Espanha 396, 908
Espírito, prefácio 376, 434, 457, 907, 913, 935-945
- e terra 913, 921, 939-941
- como fantasma 939
- santo 933
- e corpo 917
Espírito do tempo 945
Espiritualismo 937, 940
Estado 397, 413, 451, 457, 463, 930
Ética, ético (cf. moral) 423, 457, 460, 912, 929
Eurídice 434

Europa, europeus 404, 412, 430, 432, 459, 925, 927, 932, 937
Expiação 407, 410
Êxtase 375, 435

Fascismo 396, 404
Família 932
Fé 397, 937
Feminino 375[3], 434
Filêmon e Báucis 423, 434
Fílgias 393
Filisteus 398
Filosofia 372, 375[3], 928
- clássica 939
Forma encantatória 394
França, franceses 479, 907
Funções 446
- do irracional 467
Furor teutonicus 388

"Gana", mundo da 937
Germânia, germanos 384, 394, 398
Gestapo 464
Graal 435
Gravitação, força de 920
Gregos, Grécia 394, 933
- modernos 479, 908
- Igreja ortodoxa 372
Grex segregatus 384
Guerra mundial 371, 449, 455, 459, 466, 479, 487
Guerreiro 393

Hades 434
Helena de Troia 434
Helenístico 394
Hermes 394

Histeria, histérico 417, 423, 432, 439
- descrição 423
Holanda, Países Baixos 479, 908, 913
Homem 423, 905, 932
- coletivo 462
- moderno 933
- e mulher 932
- fera 386, 389, 393, 434
Hungria 908

I Ching 939
Idade Média 944[6]
Ideia 913
Igreja 404, 934
- católica 396
- protestante 397[13]
Impulso 393, 434
Incêndio do Reichstag 409
Inconsciência 404, 452, 471, 483
Inconsciente 375, 393, 391, 431, 440, 416, 457, 460, 463, 468
- coletivo 447, 461, 468[12], 474
- conteúdo do 451, 473
- teoria compensatória do 448
Indivíduo 422, 449-451, 457, 460, 467, 474, 485, 912
- e coletividade, massa 449, 462
Infantilidade 452
Inferioridade, sentimento de 416, 423, 426, 430, 449, 479
Inglaterra 908, 913
Instinto, instintivo 413, 455, 918
Integração 451
Intuição 393, 903-904, 916, 924
Irracionalidade 375[3]
Islamismo 938
Itália 397, 420, 476, 908

Jeová 398
Jerusalém 414
Judeu 374, 478, 915
- perseguição de 371
Juventude, movimento da 373

Kairós 398

Liberdade 257
Logos 375³

Maçonaria, maçônica 389, 478
Mãe 925
- terra 914
Magia, mago 376, 393, 939
Maidanek 403
Mal 408, 423, 437, 443, 451
Mandala 450
Mântico 375³, 394
Masculino-feminino 932
Massa (cf. coletivo, massificação) 395, 419, 445, 457, 461, 463, 474, 939
Mefistófeles 423, 439
Mênades 386
Mercúrio (cf. Hermes) 394
Mesquita 372
Metafísica 387
Milagre de Pentecostes 394
Mime 399, 400
Mística, místicos 375³, 397
Mito, mítico 386, 391, 400
Mitológico 447
Moral 408, 423, 450, 457, 460, 472, 937
Morte 375³, 378, 942
Mortos 393
Movimento de fé alemã 397
Música 430, 435

Nacional-socialismo 385, 397[13], 399, 416, 474
Natureza 431
- espíritos da 431
- lei da 471
Negro 939
Neurose, neurótico 417, 427, 443, 448
Neutralidade 914, 924
Noruegueses 479, 913
Nous 394

Ocultismo, oculta 375
Odin 391[11], 397[14]
Orgiástico 375³

Pai 396, 925
Paixões 375
Paranoia, delírio 906
Participation mystique 402
Patologia, patológico 430
Pax Romana 922
Perseguição 371
- de cristãos 371
Pforta 382
Plutão 394
Pneuma 394, 913
Poder, complexo de 420, 433, 438, 451, 454
Poetas, poesia 393
Poimandres 394
Política 371, 385, 451, 468, 914, 938, 944
Polônia 479
Possessão 431, 435
Possessão, possuidor, posse 386, 394, 397
Povo(s) 388, 395, 423, 433, 467, 471, 484, 908

- alma do 907
Pragmatismo 941
Primitivo 431, 459, 939
Projeção 418, 437, 463, 470
Pseudologia phantastica 419, 420
Psicologia, psicológico prefácio, 374, 385, 402, 405, 437, 445, 457, 466, 907, 912, 925
- criminal 466
- de massa 457, 460, 468, 474
- do inconsciente 458
Psicopatia, psicopata 465, 477
Psicopatologia 445, 466, 476
Psicose de massa 448, 466, 472, 476
Psique (cf. alma) 387, 431, 933
- individual, prefácio
psiquiatria 444
Psíquico 387, 431, 468
Pueblo 431
Puer aeternus 375

Quiliástico 945

Raça 389, 944
Racionalismo, racionalista 375[3]
Razão 391
Reforma 434
Rei 386
Religião, religioso 372, 397[14], 455, 469, 937, 942
- mistério 375[3]
Renascimento 941
República de Weimar 373
Roma, romana 384, 394
Romênia 908
Rússia, russo 372, 397, 404, 476, 907, 927

"Sangue e solo" 389
Santo Padre 384
Santos 408
Semita 398
Siegfried 397[14]
Signos misteriosos 393
Símbolo 449, 469, 925, 945
Simbolismo 432
Sleipnir 384
Social, prefácio 419, 448, 453, 468, 928, 932, 938, 943
- político 387, 441, 455
Socialismo 928
Sociedade 457, 460, 922
Sombras 418, 424, 440-457
Sonho(s) 446, 462
- interpretação dos 378
- isolado 377, 382
- sentido coletivo do 449
Suíça, suíços 403, 427, 455, 475a, 903-924, 930
Super-homem 424, 432, 434

Tabula smaragdina 912
Técnica 397
Telurismo 937
Tempestade 393
Terra 913-914
- ctônica 918
- e céu 939
- enquanto solo 375[3], 908, 926
Teutônico 448
Totalidade 394
Totalitarismo 451, 457, 463
Touro 914
Turquia 908

Upanixades 398

Vento 376, 389
Vida 375³, 384, 395
Virgem (montanha) 914
- virgo 914
Vitalidade da natureza 431

Wagalaweia, o canto de 389

Walhalla 397[14]
Wotan 371-399, 400, 435

Yang e Yin 913, 939

Zeus 394

CULTURAL

Administração
Antropologia
Biografias
Comunicação
Dinâmicas e Jogos
Ecologia e Meio Ambiente
Educação e Pedagogia
Filosofia
História
Letras e Literatura
Obras de referência
Política
Psicologia
Saúde e Nutrição
Serviço Social e Trabalho
Sociologia

CATEQUÉTICO PASTORAL

Catequese
　Geral
　Crisma
　Primeira Eucaristia

　Pastoral
　　Geral
　　Sacramental
　　Familiar
　　Social
　　Ensino Religioso Escolar

TEOLÓGICO ESPIRITUAL

Biografias
Devocionários
Espiritualidade e Mística
Espiritualidade Mariana
Franciscanismo
Autoconhecimento
Liturgia
Obras de referência
Sagrada Escritura e Livros Apócrifos

Teologia
　Bíblica
　Histórica
　Prática
　Sistemática

REVISTAS

Concilium
Estudos Bíblicos
Grande Sinal
REB (Revista Eclesiástica Brasileira)

VOZES NOBILIS

Uma linha editorial especial, com importantes autores, alto valor agregado e qualidade superior.

VOZES DE BOLSO

Obras clássicas de Ciências Humanas em formato de bolso.

PRODUTOS SAZONAIS

Folhinha do Sagrado Coração de Jesus
Calendário de mesa do Sagrado Coração de Jesus
Agenda do Sagrado Coração de Jesus
Almanaque Santo Antônio
Agendinha
Diário Vozes
Meditações para o dia a dia
Encontro diário com Deus
Guia Litúrgico

CADASTRE-SE
www.vozes.com.br

EDITORA VOZES LTDA.
Rua Frei Luís, 100 – Centro – Cep 25689-900 – Petrópolis, RJ
Tel.: (24) 2233-9000 – Fax: (24) 2231-4676 – E-mail: vendas@vozes.com.br

UNIDADES NO BRASIL: Belo Horizonte, MG – Brasília, DF – Campinas, SP – Cuiabá, MT
Curitiba, PR – Fortaleza, CE – Goiânia, GO – Juiz de Fora, MG
Manaus, AM – Petrópolis, RJ – Porto Alegre, RS – Recife, PE – Rio de Janeiro, RJ
Salvador, BA – São Paulo, SP